商业三国志
复合竞争时代企业的竞争、增长和创新

石井淳藏　栗木契　清水信年　西川英彦　水越康介　吉田满梨◎著

代小燕◎译

上海财经大学出版社

图书在版编目(CIP)数据

商业三国志/(日)石井淳藏等著;代小燕译.—
上海:上海财经大学出版社,2011.9
ISBN 978-7-5642-1098-4/F·1098

Ⅰ.①商… Ⅱ.①石…②代… Ⅲ.①产业经济-研究-日本 Ⅳ.①F131.34

中国版本图书馆 CIP 数据核字(2011)第 109335 号

□责任编辑 刘 兵
□装帧设计 张克瑶
□责任校对 赵 伟

SHANGYE SAN GUO ZHI
商 业 三 国 志

上海财经大学出版社出版发行
(上海市武东路 321 号乙 邮编 200434)
网 址:http://www.sufep.com
电子邮箱:webmaster@sufep.com
全国新华书店经销
上海第二教育学院印刷厂印刷
上海崇明南海印刷厂装订
2011 年 9 月第 1 版 2011 年 9 月第 1 次印刷

787mm×1092mm 1/32 6.375 印张 101 千字
印数:0 001—4 000 定价:25.00 元

图字：09-2011-038号

BIJINESUSANGOKUSHI by Junzo Ishii, Kei Kuriki, Nobutoshi Shimizu, Hidehiko Nishikawa, Kousuke Mizukoshi, Mari Yoshida.

Copyright © 2009 by Junzo Ishii, Kei Kuriki, Nobutoshi Shimizu, Hidehiko Nishikawa, Kousuke Mizukoshi, Mari Yoshida.

All rights reserved.

First original Japanese edition published by PRESIDENT INC., Japan 2009.

Chinese (in simplified character only) translation rights arranged with PRESIDENT INC., Japan.

Through CREEK & RIVER Co., Ltd. and CREEK & RIVER SHANGHAI Co., Ltd.

CHINESE SIMPLIFIED language edition published by SHANGHAI UNIVERSITY OF FINANCE AND ECONOMICS PRESS, Copyright © 2011.

2011年中文版专有出版权属上海财经大学出版社
版权所有　翻版必究

目录

第1部 新市场的创造 /001

第1部序言 商业三国的目标 /003

第1章 高品位啤酒 /005

三得利VS三宝乐VS麒麟 朝日 /006

首先——没有固定界限的市场 /008

高品位啤酒市场是怎样形成的 /011

三得利的"The Premium Malt's"品牌
　　啤酒 /011

三宝乐的"惠比斯"啤酒 /013

普通啤酒商家的对策——朝日和麒麟 /016

4种不同的市场观 /017

交错相织的市场观 /019

麒麟采取积极主动战略的理由，以及朝日采取
　　不作为方针的理由 /019

三得利和三宝乐在品牌形象上的差异 /022

是什么力量在维持着市场的秩序？ /026

本章小结——市场并不是只有一个 /030

第2章 汉堡包 / 035

麦当劳VS摩斯汉堡VS侬特利 / 036

快餐产业不只有内部竞争 / 037

最初的竞争 / 040

成熟期的竞争 / 043

为什么低价格战略适合麦当劳 / 045

摩斯汉堡并非一开始就采用高价格战略 / 048

高价路线上的再一次领先 / 051

侬特利最初的"反省" / 054

本章小结——拥有正确的自我认识，改变竞争姿态 / 057

第3章 移动式笔记本电脑 / 059

松下VS索尼VS联想 / 060

与击败竞争对手有稍许不同的笔记本市场 / 061

从试销售开始的ThinkPad / 064

疯狂的消费潮流"笔记吧" / 067

将设计变为风潮的VAIO（影音集成操作）/ 070

和薄型的诀别——"笔记吧"的转机 / 073

由"关注焦点"所产生的意识 / 076

本章小结——创造市场时进行的斗争 / 079

第1部总结 市场的创发 / 082

第2部 三国志的理论 /085

第2部序言 叙述三国之间竞争过程的意义 /087

第1章 健康绿茶 /089

花王VS三得利VS伊藤园 /090

首先——为什么健康茶引人注目 /091

花王"露西亚绿茶"在很大程度上改变了市场 /094

绿茶战争 /097

人们身体内部也存在着花王的保健产业 /100

三得利的健康食品项目组 /103

露西亚和黑乌龙茶在概念上的迥异 /105

为什么选择30岁以上的人群和便利店 /107

意外的反应 /110

饮料厂家明明是想做出比较可口的饮料,结果却…… /114

浓的、涩的——对绿茶市场的影响 /117

后发售为什么会有利 /121

本章小结——对预想不到的事物的反应能力 /124

第2章 婴儿用纸尿布 / 129

尤妮佳VS花王VS宝洁 / 130

序论——直到拥有压倒性的市场占有率 / 131

纸带和内裤——婴儿用纸尿布的产品特性 / 133

到成熟期为止的竞争 / 135

纸尿布的市场、入口处的激战、出口的发现 / 138

出口——尿布在末期市场的竞争 / 138

入口——面向新生儿的竞争 / 140

摇摇晃晃时期的市场竞争——内裤型 / 142

尤妮佳——潜在需求"目前"的发现 / 142

宝洁——内裤型纸尿裤的再开发 / 144

花王——"如果没有坚实的思想就制造不出任何商品" / 145

帮宝适在"爬行"时期的竞争——意料之外的使用方法 / 147

本章小结——日常的观察、空白市场、公司的强大 / 149

第3章 家用游戏机 / 157

任天堂VS索尼VS微软 / 158

营销中需要"历史观"的理由 / 159

成败的关键 / 161

家用游戏机产业的兴起 / 162

3个转折点、3个结构 / 164

家用电脑红白机（任天堂所制）有什么过人之处？ / 167

PS3的大逆转 / 171

Wii（任天堂所制）所创造出来的东西 / 175

本章小结——组合市场实现的竞争 / 180

第2部总结 没有预料到的"渔翁之利"的发现 / 184

致谢词 / 188

第1部 新市场的创造

第1部序言——商业三国的目标

公元200年左右，中原出现了魏、吴、蜀三国鼎立的局面，这个时代被后人称为三国时期，并被历史学家陈寿（233~297）以《三国志》为名记录下来，这本书也就是后世所流传的正史。后来通过《三国演义》的演绎，这段历史成为脍炙人口的魏、吴、蜀三国兴亡史。

这个故事前半部分的主人公是刘玄德。刘玄德与关羽、张飞等许多豪杰同呼吸、共命运，他三顾茅庐请来诸葛亮作军师，为蜀国打天下。蜀国虽然国土狭小、资源贫乏，但是有许多豪杰和智者仰慕刘玄德并投靠他，使得蜀国可以和魏、吴抗衡并形成鼎足之势。

故事后半部分的主人公变为诸葛孔明。自从刘玄德死后，诸葛孔明肩负着辅佐幼主与伐魏的双重使命。然而不幸的是，他最终病倒在五丈原并离开了人世。但正如人们竞相传颂的那样"死孔明吓走活仲达"，诸葛亮超人的智谋与其一心效命亡主的赤胆忠心正是这个故事后半部分的精华所在。

个性豪迈的英雄豪杰，为报大义建国立业，君臣之间的感情弥笃，这些都拥有无穷尽的趣味。但是，这个故事能够在现今社会被广大民众所接受，很大一部分原因是由于蜀国英雄豪杰的豪气所致。该故事以战乱纷争的三国兴亡为主题，同时又蕴含着浓厚的戏剧化要素。蜀国的刘备和诸葛孔明、魏国的曹操、吴国的孙权等豪杰都各怀谋略进行着斗争。在以赤壁之战为首的很多经典战例中，他们比拼着智慧，各自的谋略也交织

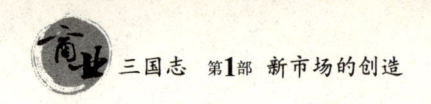

在一起。另一方面，三个国家也通过战争锻炼着自己，追求着自己认为的大义，衍生了一部无论世事如何变迁都极具借鉴意义的经典历史巨著。

"宝剑锋从磨砺出"。我们必须遵从这样的教诲，使三国鼎立的故事在我们现代的企业竞争中重现。

在商业战场上竞争的各个公司都有着自己的谋略。参与竞争的各个公司在争夺市场霸权的竞争中都必须不断改善自己的战略。在接二连三的竞争中不断产生的新想法，偶尔也会为我们带来任何人都意想不到的现实结果。

污蔑竞争对手，破坏市场竞争规则并不是竞争的本质。"有着良好本质的竞争"是培养新思想、新市场和新资源的必备要素。

这样，参与竞争的各个公司就必须为了以后的发展去探索新的志向、战略以及资源。也只有这样才能体现出竞争本身的价值。

在竞争中，企业不仅会得到自我锻炼，还会催生出新的价值观，并且能够把竞争者三方彼此的战略思想表现出来，这就是《商业三国志》所向往的。

历史上的《三国志》给了我们很多的感动和智慧，在如今的商业世界里也是一样。就让我们以眼前的事物为目标，书写出属于现代的《三国志》。

石井淳藏

神户大学名誉教授

流通科学大学校长

第1章

高品位啤酒

三得利

VS

三宝乐

VS

麒麟　朝日

石井淳藏　校长　流通科学大学

三得利品牌的啤酒自发售以来,每年的销售额以2倍以上的速度增长着。在这种巨大利益的驱使下,各家公司也在高品位啤酒的市场上展开了竞争。各公司是如何实施战略的?

日本三得利株式会社创立于1899年，早在1929年公司就在日本开始威士忌的销售，开拓了日本洋酒文化之先河。1963年三得利进入啤酒生产销售领域；1981年公司率先在日本生产销售以中国福建省特产乌龙茶叶为主原料的乌龙茶系列茶饮料，并由此在清凉饮料市场上开创了全新的无糖茶饮料领域，从而成为业界之先驱。日本三得利株式会社是日本四大食品生产集团企业，也是日本洋酒业、清凉饮料业界的龙头企业，其"SUNTORY"品牌在整个亚洲地区都有相当高的知名度。

日本三宝乐啤酒株式会社系日本三大啤酒公司之一，啤酒质量和制造技术居国际领先地位，三宝乐啤酒具有120余年的生产历史，是国际公认的知名品牌。旗下"三宝乐"啤酒作为日本高品位啤酒在日本销量一直保持在前三位,与麒麟、朝日啤酒齐名。该公司进入中国

已有7年,但其一直坚持走高端啤酒路线,而且只在日式餐饮店销售,所以在国内知名度不高。

日本三大啤酒公司之一的**麒麟麦酒酿造株式会社**,也是世界前十大啤酒集团。麒麟品牌以中国传统文化中昌盛吉祥的象征——麒麟来命名的,是一个享有百年盛誉的世界性品牌啤酒。麒麟啤酒采用第一道麦芽汁酿造的方法,全球只有日本麒麟一家在使用,务求带给消费者原汁原味的啤酒感受。

朝日啤酒:ASAHI酒厂的历史可追溯到110年前,一直稳居日本前三大啤酒品牌的位置。1987年其生产的 ASAHI SUPER DRY 舒波乐啤酒,作为超爽啤酒首次在世界上问世,随即产生很大的影响,在2000年国际啤酒排行榜中位居第四大国际品牌。

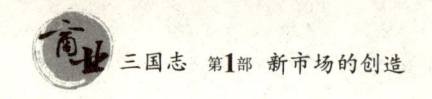

首先——没有固定界限的市场

在以"高品位"为名字的市场领域中,报纸和杂志起到了很大作用。例如,《唯一》杂志在2007年11月制作了"高品位"市场特辑。而高品位商品更是包括炸面圈、洗发水、便当、蔬菜、卫生纸、飞机票、调味料、床上零食、餐具、绿茶等。有人认为"商品的高品位正是其魅力所在"。这其中,格外引人瞩目的就要数啤酒了。啤酒市场正在朝着比三宝乐和麒麟更高价格的高品位市场前进,与此同时,朝日的"黄金时间"、麒麟的"日本高价"以及三宝乐和三得利也推出了风味不同的高品位啤酒。

而高品位啤酒备受瞩目的起因,正是2005年三得利旗下的啤酒获得"世界食品品质评鉴大会"(Monde Selection)金奖。这对他们来说是一个很大的启发。在这以前,三宝乐的"惠比斯啤酒",加上三得利的品牌和前面所述各个公司所推出啤酒的总和,构成了高品位啤酒的市场(见图1)。根据某个公司的内部资料,这些高品位啤酒具有以下特点:

①在周末、盂兰盆节、新年开始、黄金周、父亲节,销售额会大幅度增加。

②据说，有的消费者会根据不同情况选择将它和别的普通啤酒或发泡酒混合饮用。

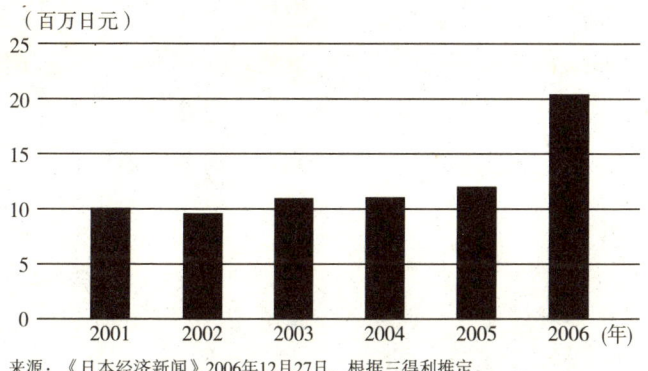

（百万日元）

来源：《日本经济新闻》2006年12月27日，根据三得利推定。

图1 高品味啤酒的日本国内生产量

从这里就不难发现，高品位啤酒具有自己独特的价值，而这种价值就是它区别于其他领域的特征，并且它的一体化似乎在不断加强。2008年，它占啤酒市场大约10%的市场份额，占到了包括发泡酒和新种类啤酒综合市场的近5%。

高品位啤酒，并不是最近才突然出现的。它第一次兴起是在1990年。麒麟的"麒麟高品位啤酒"、朝日的"超级陈酿"（特撰素材），三宝乐的"仕入"，三得利的"琵雅吟生 打破壳"和"千都麦酒"等品牌都是从这个时候开始发售的。

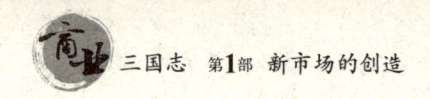

第二次兴起是20世纪90年代中期以麒麟为首发起的。1993年，麒麟发起了"从头到尾一个人负责"这样的活动，因此生产量大大增加，到1997年的时候，开始出现了职业酿酒人。

第三次兴起是在2002年。这个时期的它以"冷却啤酒"为标志。首先，麒麟和24小时便利店联合推出了"温和酵母"。到2003年为止，各个公司都开始发售"冷却啤酒"并创立了自己的品牌。

不管是处在泡沫经济的笼罩之下，还是在新的冷却技术的影响下，各个公司都给高品位啤酒市场投入了很大的力量。但是，仅仅这次，三得利的品牌所带来的销售额上涨却备受瞩目。这次的兴起风波究竟是在怎样一种背景之下开始的？今后将会有怎样的变化？

本文的目的就是针对这些问题给出自己的解答。但是，这种市场有自己独特的特点，即"没有固定的市场"。同为竞争对手的企业之间应该怎样相互认识并采取怎样的行动，这已经成为一个问题。结果新的市场也在发展中慢慢形成了，而且在其形成过程中各个企业所采取的战略和行动就成为了焦点。虽然以不存在的市场为基础，但是在整个考虑的过程中，对市场和竞争的关系、新的行业的考虑是必不可少的。

高品位啤酒市场是怎样形成的

如果要从各个公司的发展战略来研究高品位啤酒市场的形成，首先就得从三得利品牌的啤酒来进行研究。

三得利的"The Premium Malt's"品牌啤酒

据说三得利的这一品牌是1989年在武藏野工场的一个小型角落里被酿制出来的。三得利的"The Premium Malt's"牌啤酒事业虽然开始于1986年，但是后来由于受到来自朝日"舒波乐"的冲击，它近年来在业界的排名一直很靠后。那个时候，有一个工人总想制造出世界上最美味的啤酒。就这样，高品位"The Premium Malt's"牌啤酒问世了。因为是限量生产，所以它的销售范围被限定在首都圈以内。

到2001年，"The Premium Malt's"牌啤酒才开始出现家用型。虽然酿制啤酒只是为了创造自己的品牌，但是他们却一直沉迷于品质的提高，仿佛已经将创立品牌抛之脑后了。认为低价必定不会畅销，所以他们的定价为市场上的最高价。从生产开始到营销为止，少说也得花费十年以上的时间。

2005年，三得利的酿酒师所酿制的"The Premium Malt's"牌啤酒荣获第44届"世界食品品质评鉴大会"啤酒类的日本首个最高金奖。对该奖项最快做出反应的是消费者。6月获得最高金奖，7月该品牌的啤酒已经出现了供不应求的局面。并且，这种啤酒在2005~2007年连续3年获得最高奖项，在2005年当年，后半年的销售额比前半年增加了大约2倍（126万罐）。到第二年的2006年更是完成了550万罐的销售任务，到2007年，高价啤酒的市场大约为3 200万罐左右，比2005年增长了大约2倍（1 300万罐）。

这种啤酒的味道固然很好，但很多消费者还是受了大奖的影响。

在日本的茶市场上也有类似的例子，与"伊右卫门"获得成功的例子非常相似。

结果，"The Premium Malt's"品牌的啤酒成为三得利事业的支柱产业（见图2）。在啤酒市场上，追随并夺走市场占有率的例子屡见不鲜，但是在初期的时候，三得利在众多的竞争企业中拥有不折不扣的龙头地位。

三得利VS三宝乐VS麒麟 朝日

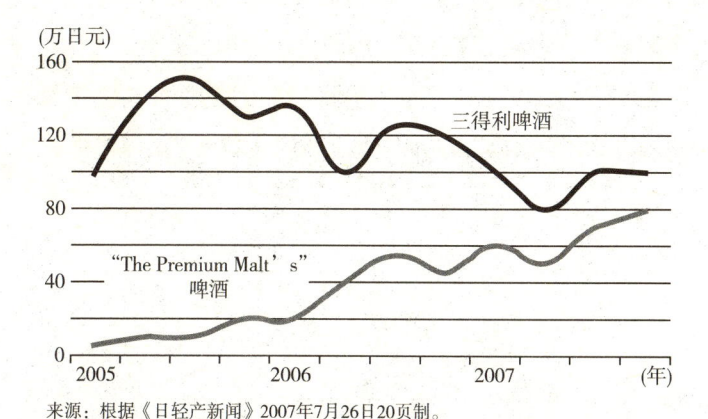

(万日元)

来源：根据《日轻产新闻》2007年7月26日20页制。

图2 三得利啤酒生产总量与"The Premium Malt's"啤酒生产量的比较

三宝乐的"惠比斯"啤酒

拥有悠久历史的三宝乐"惠比斯"是日本生产量最大的啤酒品牌。1890年开始，日本的麦酒酿造会开始销售"惠比斯"啤酒，到现在为止已经拥有超过100多年的历史。随后在1971年，"特制惠比斯"卷土重来，并在第二年就取得了210万罐的销售量。初期销售一直运作得非常良好，但是到了20世纪70年代的后半段，企业的发展陷入困境，销售额也跌破20万罐。

到20世纪80年代的后期，随着《美味哦》这部漫画的推出，它的销售额急速回升。1994年随着高级销售海报的推出与电视上宣传力度的加大,当年的销售额达到410万罐,3年后(1997年)达到了创纪录的940万罐。2003年随着"惠比斯黑啤"的发售,销售额又出现了增长,当年的生产量达到了1 000万罐以上(见图3)。

(万日元)

来源:三宝乐资料。

图3 三宝乐、惠比斯啤酒的生产量的变化

不可进行有损品牌和形象的扩张。近年来,在品牌扩张潮流的影响下,三宝乐也在积极进行着品牌的扩张。2007年由于惠比斯黑啤等的推出,销售额再次增长,达到了有史以来的最高峰——1 198万罐的销售额度。但是只有踏踏实实地营销,才能获得存在的价值。三宝乐的"惠比斯"啤酒与朝日的"舒波乐"啤酒之间的差异可以从图4、图5体现出来。

图4 惠比斯啤酒的品牌效应

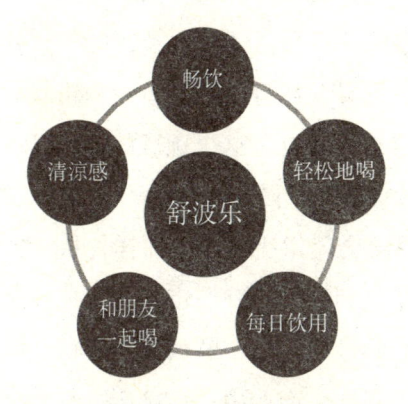

（小瓶型和小玻璃杯型／第一等级的啤酒／在大病初愈，以及受奖励的日子里饮用的／高级酒店慢慢地品尝／清凉感以外的味道／惠比斯啤酒）

图5 舒波乐的品牌形象印象

（畅饮／轻松地喝／每日饮用／和朋友一起喝／清凉感／舒波乐）

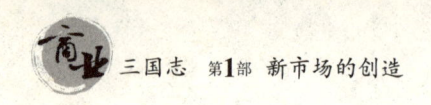

普通啤酒商家的对策——朝日和麒麟

高品位啤酒的崛起将市场占有率慢慢从普通啤酒手中夺走，但是原因并不仅此一个。这时候，普通啤酒自身的成长也已经陷入困境，最大的啤酒制造商——朝日的"舒波乐"在2000年以后销售量持续下降。

1986年，朝日开始创造自己的生啤品牌，1987年"舒波乐"开始发售之时，麒麟品牌的啤酒已经拥有压倒性的市场占有率。在那个提起啤酒就能想到麒麟的时代里，朝日凭借着舒波乐品牌冲出了麒麟的包围并取得成功，实现了啤酒界的大逆转。

2006年的"黄金时间"以及2008年"熟撰"的发售，标志着朝日开始进军高品位啤酒市场。在四个大型企业中它是最晚进入这个领域的，朝日一直对新生的市场领域保持比较谨慎的态度。

麒麟的组合就像所展示的那样，从1991年的第一个品牌开始直到高品位啤酒市场的形成，经历了非常辛苦的一个阶段。但是，麒麟并没有像三得利一样倾其所有投入到这个产业中。麒麟所进行的投资包括新种类啤酒、发泡酒以及普通啤酒。他们在各个市场领域都进行着拥有自己个性的投资，他们贯彻的是面向全市场的全方位战略。清楚地认识到各个领域的动向以及各个品牌所保持的平衡，才能确保业务以及收益的增长。高品位啤酒市场也是一样的，必须将它看作一个独立的市场，并且在这个市场上和其他品牌取得平衡，还要在开拓市场以及创立品牌上下工夫。

4种不同的市场观

4个公司对高品位啤酒市场的态度是不同的。与此同时，他们的市场观也是各有千秋的。

市场观中的一个要素就是"类啤酒市场"，比如：新种类啤酒、发泡酒、普通啤酒、高品位啤酒等好几个明确的市场领域。类啤酒市场尽管有大大小小的差异，但最终的结局是相同的。

另一个要素与对品牌的理解相关。品牌被认为是一个公司的竞争手段，品牌自身就是一个市场，为了能让这个观点更容易理解，我们用图形给予说明（见图6）。

根据自身市场观的不同，各个企业所采取的竞争手段也不尽相同。话虽如此，公司也不能随心所欲地选择自己的市场观，必须根据消费者的消费意向，以及自身所掌握的技术、资源来决定自己公司的市场观。

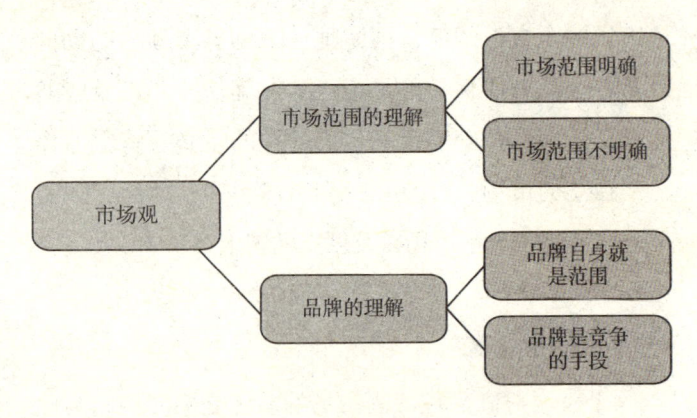

```
                            ┌─── 市场范围明确
              市场范围的理解 ──┤
              │             └─── 市场范围不明确
     市场观 ──┤
              │             ┌─── 品牌自身就是范围
              品牌的理解 ────┤
                            └─── 品牌是竞争的手段
```

图6 市场的构成要素

高品位啤酒市场，就好像一个有着明确界限的平面一样。正如上面提到的，与其他高品位产品作比较的时候，其概念就会比较清晰。但是，想创立类似市场的企业，或者说不想创立类似市场的企业，以及希望扩大啤酒市场的界限而进行争夺的企业，想创造自己品牌而从竞争中脱离出来的企业……它们都各自拥有自己的市场观。在各自市场观的指导下，在错综复杂的竞争中，现实的市场形成了。与此同时，市场的整体姿态也发生了变化。在假设这个概念上的市场之前，市场的出现和如何变化就成为了这里的重点。

下一节将对市场领域的竞争中存在的两个主要因素进行介绍：第一，如何理解各自的市场观。第二，在品牌的相互理解与对立中追寻并贯彻自己的战略。

交错相织的市场观

麒麟采取积极主动战略的理由，以及朝日采取不作为方针的理由

就像上面提到的一样，麒麟啤酒采取的是针对不同市场的全方位战略。以已经存在了的市场为前提来组织自己的战略。当然，战略的目的也是要取得各个市场的支配权。

在发泡酒市场上，"淡麓"独占鳌头；普通酒市场上，"一番榨"和"Lager"分列品牌的第二、第三位。"麒麟Lager"在市场上占领绝对领先的时代已经一去不复返了。那个时候，尽管各家公司对自己的产品的市场占有率都不满足，但是仍然想从各自的市场上收回成本并展示出自己拥有业界第一这样的实力。在高品位啤酒方面，麒麟是4个竞争者中最积极推出新产品的企业，并且早就瞄准了这一新生市场。朝日啤酒采取的战略完全不同，它没有跟随别的公司去追求所创造出来的新市场，而是专心致志地强化着属于自己的品牌"舒波乐"。这种做法并不仅限于高品位啤酒市场，朝日在各个市场领域都是这样的。1995年发泡酒的出现，2004年的新种类啤酒的登场，无论哪个时候，朝日都是在该市场出现很久以后才进入，并在这期间大力地对自己已有品牌进行投资。"舒波乐"拥有普通啤酒50%以上的市场占有率就是其成功的例子。这也正是"不作为所带来的成功"。

站在公司的立场来看，朝日啤酒的战略非常合理。对于朝日啤酒来说，舒波乐为它带来了巨大的销售额，因此，高品位啤酒市场就显得不是那么必要了。现在舒波乐品牌的啤酒每年大概销售1.3亿罐，这个数字是其他几个品牌的啤酒加起来都达不到的。所以没有对其他市场进行积极投资的紧迫性。但是，更重要的是，朝日不能全力以赴地处理和新生市场有关的事情。

即如果高品位啤酒市场进一步扩大，那么有可能使朝日啤酒已经获得的利益丧失。

第一，因为高品位啤酒市场的建立，普通啤酒有可能受到"廉价货"等相对低下的评价。其他的品牌可能不是很在意这些，但这是占有市场份额50%以上的朝日所不能忍受的。

第二，在这个新生领域想要取得成功是很困难的。高品位啤酒的价值就在于"慢慢地品味"的乐趣。惠比斯啤酒适合在"优雅的环境中，用小小的杯子慢慢品尝"。而三得利适合在周末或者特别节日里饮用，也就是我们常说的"疗伤酒"。

总之，畅饮的爽快感就是针对"慢慢品味"提出的。尽管都是啤酒，它们本身的价值却是不同的。因此，舒波乐积蓄的朝日品牌形象在有些场合就不能通用了。舒波乐的品牌形象或者说价值，就在于品尝它之后所产生的清凉感。但是谁也不知道这种品牌形象是否适应高品位市场的需求。

第三，高品位啤酒市场的形成有可能会带来其他问题，例如，它有可能完全颠覆啤酒的形象。如果"细细品味"这样的享受已经深入人心，那么随着大众对啤酒嗜好的变化，舒波乐的基础地位也有可能发生动摇。

鉴于以上理由，高品位啤酒市场对于朝日来说并不是最佳选项。特别需要注意的是，在高品位啤酒市场形成初期，整个啤酒行业对于"美味"这个词的判定标准可能会发生变化。标准的改变使朝日得到了长足的发展，并且实现了对麒麟"Lager"品牌的大逆转。

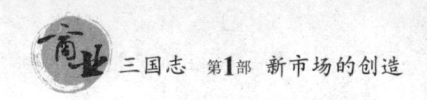

三得利和三宝乐在品牌形象上的差异

无论在"高品位啤酒"市场还是在其他市场，啤酒厂商都拥有属于自己企业的市场观，并在其指导下展开竞争。就拿随着高品位啤酒市场的成熟而取得发展的典型——三得利和三宝乐——来说，品牌的理解与差异也是他们进行竞争的一个重要原因。

在三得利对自己旗下的产品进行了大力地广告宣传的同时，高品位啤酒市场本身也得到了放大。因此，市场范围得到了大幅度的扩张，不仅三得利的品牌，就连三宝乐"惠比斯"品牌的产量也得到了大幅度的增长。

虽然两个公司都得到了很大程度上的发展，但是他们对于问题的考虑方式是不一样的。三得利认为必须强势地将高品位啤酒市场发展下去并不断扩大其市场范围。

另一方面，三宝乐贯彻的方针是"惠比斯就是惠比斯，并不是所谓的高品位啤酒"。

尽管面对很大的压力，他们也总强调自己不愿意和高价市场内的竞争染上关系。他们觉得将惠比斯啤酒看作高品位啤酒市场中的一个品牌，实在是一件让人感到困惑的事情。如果和其他公司一起，围绕着高价这个轴心来竞争，最后就有可能陷入复杂繁琐的竞争中。而要想在这种竞争中谋求结果，可能会使惠比斯迷失自己的方向。

这种思考方式，让人想起可口可乐曾经的思维模式（石井淳藏《品牌→创造价值》岩波新书，1999年）。那个时候，可口可乐非常讨厌人们用"可乐类"这样的词汇来概括它们。也就是说，他们自认为"可口可乐并不是可乐行业的商品"，"没有什么商品是可以取代可口可乐的"。当然，在我们消费者的意识里，百事可乐就是作为可口可乐的竞争对手而存在的。但是，尽管他们认为没有可以类比的东西，现在该类产品已经确确实实地出现了。这样的理念是不容易渗透到大众中去的。虽然可口可乐仍被称为可乐，但是他们公司进行了大规模的宣传，传达给人们可口可乐并不属于"可乐类"产品，而是一种特殊商品这样的观点。

对于三宝乐来说，惠比斯啤酒不但在普通市场上，就是在高品位啤酒市场上也占有自己的份额——假设存在"惠比斯世界"（即惠比斯品牌本身就是一个市场）。因此，在高价热潮引发的高品位啤酒市场领域中,它是不用担心销路问题的，但是这也带来了很多其他的负面效果，这也是很让人担心的事情。

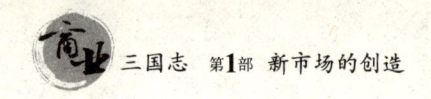

近年来三宝乐所推行的积极扩张计划基本上就是该公司市场观的体现。拥有悠久历史的"惠比斯"在品质和传统方面都有很大的讲究，并且构建了能明显区别于其他商品的品牌形象。这样，才有可能使品牌得到扩张。随着2007年朝日和惠比斯啤酒各自新品牌的推出，同时期的另一个产品——金色"艾比斯"——的销售额也成功地增加了。他们的竞争不但没有引起互相蚕食，反而使得双方的销售额都大幅度增加。这种状况的出现就是惠比斯啤酒拥有良好的品牌形象的最有力证明。

其他的品牌比如三得利也曾尝试过同样的方法，但是始终难以达到相同的结果。出现这种情况的原因有以下几种。

惠比斯以"用最美味的原料"为题，使得其他种类的啤酒很难与其竞争。拥有短暂历史的品牌一般都缺少最起码的吸引力。再加上它是从另一种品牌中衍生出来的，二次衍生并不是一件容易的事。事实上，2007年当三得利推出黑啤之时，虽然获得了市场上的好评，可是公司内部却有不少反对的意见。

三得利就此扩大了自己的啤酒市场，并谋求着高品位啤酒市场自身的扩大。例如，从2008年开始，利用"假日"这样被限定的机会来吸引顾客的行为就是它的一种手段。一旦出现这种机会，市场间隙中的商品就会开始重新洗牌，为了在普通啤酒市场上取得更大的份额，高品位啤酒和普通啤酒之间也会经常出现跨领域的竞争。

"惠比斯"一直在尽力避免参与这种竞争。它倡导的是"细细品味"的乐趣。与此同时，三得利在包装上采用包括罐在内的各式各样的瓶子，还经常能够看到有人用超大酒杯来喝它的场面。由此可见，它并不忌讳和普通啤酒有少许的竞争。但是，这种做法容易弱化品牌的差异，并且不能明确地表现出它和其他高品位啤酒之间的差异。

三得利尝试过把高品位啤酒和普通啤酒的规模按照各自的市场来扩大。如此一来，品牌的价值就得以实现了。但是，想达到两全其美也不是那么容易的。

三宝乐也经常陷入这种进退两难的境地。如果品牌的意义太过于局限，就只有追寻被限定了的那些微小机会。事实上，三宝乐的品牌所表现出来的是对自己的"赞美"，"惠比斯"所具有的印象是"品质"和"传统"。与无聊时喝的啤酒相比，它瞄准的是节日（正月或者其他传统节日）专用这样的品牌形象。

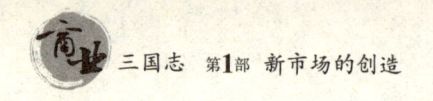

是什么力量在维持着市场的秩序？

高品位啤酒市场的出现，很大程度上取决于消费的两极分化和经济状况的恢复。但我们反反复复强调过（由于消费的两极分化和经济的恢复）在高品位啤酒市场中首先出现的是各公司自己产品内部的竞争。三得利、朝日、三宝乐等公司都以各自所拥有的经验和资源展开了行动。其中就包括互相之间的协调和竞争。通过这样的过程，高品位啤酒的市场开始出现了。"在相互的竞争中，市场领域开始出现了"，这就是理解市场的关键。高品位啤酒市场就是在竞争中发展的。

但是，一旦各个公司有了相互竞争的意识，并且所谓的"高品位啤酒"市场形成的话，这个市场也就有了自己的力量。

这两个部分正如图7所示，成为互相循环的关系。

从下到上的力量、不同的市场观之间的对立与竞争是一个市场（领域）出现的必经过程。

首要的原因是：随着各个企业认识到彼此已经成为竞争者，他们的营销行动也会给相互之间造成影响。

```
        市场
   ↗          ↘
互相对立竞争    市场秩序的引入
   ↖          ↙
        市场观
```

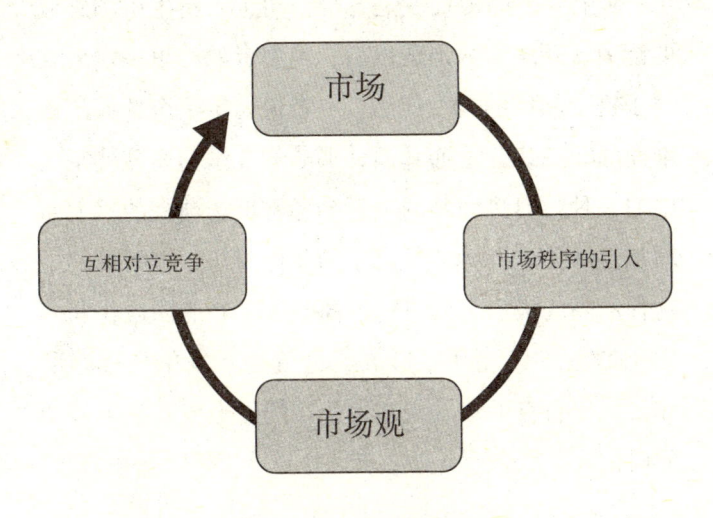

图7 市场观的竞争和市场秩序的引入

例如,"三得利"在开始进行某一项计划的时候,"惠比斯"并不一定会与之进行竞争。但是当这个计划真正展开的时候,肯定会从"惠比斯"公司的营销中受益匪浅。这就是,从贩卖促销的方法到创造品牌,"三得利"从"惠比斯"的做法和思维中学到的东西。"三得利"和"惠比斯"处于一个市场领域的认识正在慢慢强化。如此一来,"惠比斯"独立品牌价值的市场能力就下降了,"三得利"所希望的高品位啤酒市场就得到了强化。

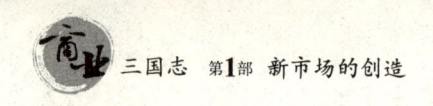

从上到下的力量就是各个公司进入新生市场领域的能力。新生市场形成以后，消费者的心里一定也有属于这个领域的典型商品，或者说属于这个领域的标准商品。"说起普通啤酒，那非舒波乐莫属"就是其中的一种。典型商品的力量会随着市场规模的扩大而增加。即使是同为竞争对手的其他公司，也抵御不了这种商品的吸引力。以这种商品为中心的同质化和差别化的竞争风波开始形成，这就是"竞争的核心所在"。以自身的市场观来促使市场的形成，如果成功的话，就必定会给企业带来回报。

"追随别的公司创造的市场，推出和自己已有品牌形象不符的商品，反而会导致既存顾客的流失，是营销的失败"。这其中有一个典型的实例就是"辣酒战争"。1988年以"超级辣酒"的出现为契机，各个公司开始争相推出自己的辣酒，辣酒战争开始了。这个时候，消费者中出现了"我只消费麒麟"或者"我只消费三宝乐"的风潮。

各个企业的市场也分配得非常明显，通常"麒麟迷"根本不会去购买"朝日"品牌的辣酒。但是，因为各个企业都是追随"朝日"的步伐去制作和销售辣酒的，"朝日"理所当然地成为了这个市场的领头羊。因此，在这个市场形成初期，所有的顾客就会被重新进行划分。自然而然地顾客就会流向最先在这个舞台上出现、并且已经取得成功的"超级辣酒"了。"朝日"的市场营销手段就是从这些经验中学到的。

麒麟和朝日都对自己的商品进行了积极的广告宣传，这些手段使得他们各自的销售额有所增加。但是，如果他们没有在这个市场领域内取得坚实的基础，那么在这个市场固有力量的影响下，就会有使自己公司的粉丝流失的危险。

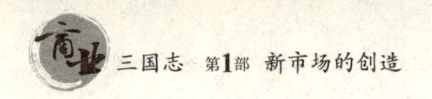

本章小结——市场并不是只有一个

市场如果没有一个固定的范围，就不会有"游离于市场之外"这样的说法。当然，并不是说"消费者的喜好或者制度的变化这样的外在理由不重要"。但是，比起这些事情，他们更加注重各个参与竞争的公司在新生市场上所进行的活动的意义。

其中必须要注意的是：第一，市场是在各个企业的市场观相互交织的过程中产生的；第二，与市场同时出现的还有能够维持其秩序的力量。

但是，像先前叙述的那样，各个企业所持有的市场观并不是随便形成的，它也受到企业内部各种要素的制约。各个企业在市场中的位置不同、技术和经营力或者说包含品牌、印象在内的经营资源不同，使得他们各自对环境和资源的返还能力也不同，从而决定了各个企业应该采用的和不应该采用的战略。

比如，朝日（占据普通啤酒市场份额首位）和三得利（占据普通啤酒市场份额第四位）的市场观肯定是不一样的。另外，三得利"The Premium Malt's"、三宝乐的"惠比斯"都以威士忌市场作为自己的母市场，并且植根于"细细品味"这样的饮酒文化。同时正是因为他们各自的品牌都与自己的企业DNA保持一致才取得了成功。换句话说，与自己公司DNA不相一致的产品肯定不会有长足的发展。

最后，将各个公司的市场观再次整理作为本章的结尾。

首先是麒麟公司。"啤酒类市场是一个拥有各自特性，具有明确市场界限的领域（普通、高价、发泡酒、啤酒等类别）"。针对不同的市场领域，各个公司都在孕育自己的品牌，以期获得市场的支配地位。

朝日的市场观和麒麟正好相反。他们认为"啤酒类市场就是一个整体"，尽管拥有各自的市场但几乎是没有差异的。舒波乐这一个品牌就可以全面地覆盖该市场了。

三宝乐和三得利是处于这两者之间的。三宝乐拥有"综合市场+惠比斯品牌"这样的市场观。

三宝乐以自身最先开发的新种类为中心，以发泡酒、普通酒市场为前提，开展了自己的战略。在这一点上，它与麒麟非常相似。但是，惠比斯却可以在这个框架之外长期屹立不倒。日本的可口可乐也有一个针对清凉饮料市场的品牌，而不只是针对可口可乐市场。在这一点上它与麒麟是不一样的。

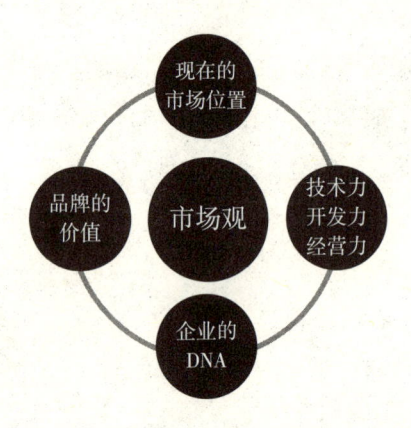

图8 孕育市场的重要因素

三得利一直处于摇摆不定的状态。开始的时候它和麒麟采取了相似的战略,想在各个市场上都推出自己的产品。但是,这一点却没有体现在高价市场上。"The Premium Malt's"就是从普通市场发展到高品位啤酒市场的。

他们认为用一个品牌可以将这两个市场串联起来,这是一种前无古人的营销方案。

在这市场观的相互交织中,市场领域不断地出现与消失。要想预测外部环境的变化和创造市场之间的关系是很难的。这一点是从"参与竞争者的各自的市场观"相互交织的过程中得知的。因此,在对各个市场观进行整理的过程中，这样的思路就会变得非常清晰。

三得利自己的高品位啤酒不仅夺走了普通啤酒的市场占有率，并且他们认为该品牌成长的空间还很大，因此他们加强了扩大市场的攻势。"The Premium Malt's"能不能顺利地打入市场直接决定着该公司啤酒事业的命运。三得利所拥有的最大优势就是消费者对"细细品味"的期待。

一方面，三宝乐始终限量销售自己的"黄金时段"品牌。当时普遍认为，不扩大销售，就不可能提升自己的市场占有率。但是，在该战略下，"惠比斯"的影响得到了强化，该品牌对人们的影响也增大了，并且超越了已有的领域，创造了"惠比斯世界"这样新的市场领域。因此，虽然高品位啤酒市场没有扩大，惠比斯却拥有了自己独自的价值。

采用全方位战略的麒麟，在各个市场领域里都构建了强有力的品牌。在高价市场上也不例外。朝日，始终坚信啤酒市场就是一个完整的整体。所以始终以"舒波乐"为轴心展开自己的事业。

并不只有一个市场。市场秩序都只是暂时的。市场的内部一直在变化着，并且，随之而来的就是市场观的差异与交织。

●**参考文献**

石井淳藏（1999），《品牌——价值的创造》，岩波新书。

石井淳藏（2003），《战略的审级》、《组织科学》，37卷2号。

石井淳藏（2003），《创造市场的竞争》、《国民经济杂志》。

石井淳藏（2007），《市场》该怎样被定义？《商学论究》，55卷第2号。

水越康介（2008），《高品位啤酒市场形成的历史》，首都大学东京调查系列、No.49。

吉田满梨（2008），《对高品位啤酒市场的竞争动态的分析》。

第 2 章

汉堡包

麦当劳
VS
摩斯汉堡
VS
侬特利

水越康介 准教授　社会科学研究所　首都大学东京大学院

使用低价战略还是高价战略？从1971年麦当劳进入日本市场开始，到通货紧缩时各快餐企业的相同价格竞争，本章为您揭示各个快餐公司的经营策略——"汉堡包40年战争"。

麦当劳公司（McDonald's Corporation）是全球大型连锁快餐企业。20世纪50年代在美国开创，以出售汉堡为主的连锁经营的快餐店。在世界范围内推广，麦当劳餐厅遍布在全世界百余个国家。

摩斯汉堡是日本知名连锁速食餐厅，在东京地区起家的摩斯汉堡今日已是一家国际性的跨国连锁餐厅，主要的分布点集中在亚洲地区。与其他大部分快餐店诉求不同，摩斯汉堡在企业形象方面特别强调"素材严选"以及"点餐后制作"等原则。

侬特利（Lotteria，又译为乐天利）是拥有30年以上历史的以传统的汉堡包、炸鸡为主的专业品牌。其第一家店铺建于1972年日本东京，韩国第一家店铺成立于1979年，现在侬特利在韩国的风靡程度要高于日本，占韩国国内整个快餐行业的近60%的市场占有率。

快餐产业不只有内部竞争

对日本人来说，在汉堡包已经普及的背景下，以麦当劳、摩斯汉堡、侬特利为中心的竞争已经持续了近40年。近期，多样化的竞争开始出现了。

当然下面这一点是众所周知的，汉堡包的竞争不仅仅存在于行业内部。以电脑的竞争为例，微软的竞争对手非苹果莫属。但是快餐界的情况就不一样了，说麦当劳的竞争对手是摩斯汉堡似乎有点牵强。麦当劳的对手有可能是隔壁的拉面馆，也有可能是咖啡店或者超市卖的便当。例如，明天到底要吃什么？是吃麦当劳呢？还是吃摩斯汉堡呢？还是吃侬特利呢？相信很多人有这样的困惑。当然这个范围有可能不仅仅限定在汉堡包的范围内，有可能我们还会选择吃拉面。

在对快餐行业中的竞争进行分析的时候难点就在此。在汉堡包这个行业的竞争中，麦当劳似乎呈现出优胜之势。但是，从全局来看，却没有压倒性的市场占有率（见图1、图2）。仅次于它的其他产品的营业

(日元)

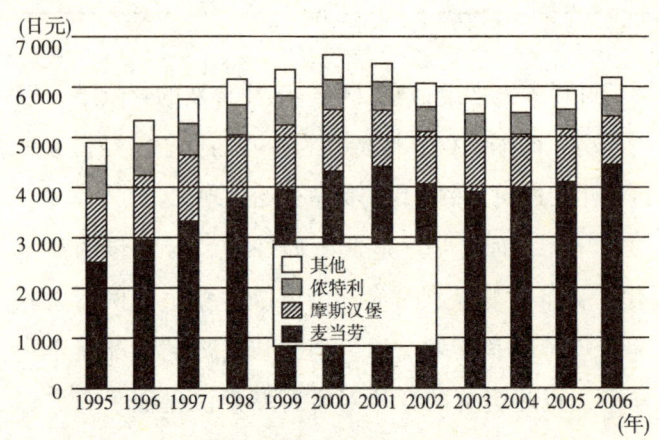

图1 市场占有率(根据每年数据制成)

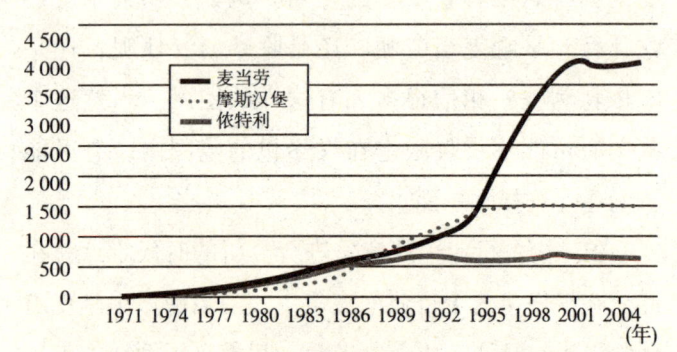

图例：其他／依特利／摩斯汉堡／麦当劳

来源：以各个公司的网站，《日经流通新闻》，1996年1月22日，《日经商务》，2004年7月26日、68页为基础制作。

图2 店铺数的变动

额是2 810亿日元,并且营业额能够达到1 000亿日元以上的企业比比皆是(《日经流通新闻》,2007年5月11日)。这个市场的规模大约有240 000亿日元(《日经商务》,2008年2月4日)。其中,占有4 000亿日元的麦当劳连该市场规模的一成都占不满。进一步把范围扩大到"中食"来说,就要连超市的便当都包含进去。实际上很多店铺之间已经展开了激烈的竞争(《日经流通新闻》,2007年11月14日),据说,近年来麦当劳所实行的24小时营业制度就是为了对付超市的。

  在这样的竞争中,有一点是非常难的,即自己的市场领域该往哪里限定?到底在和谁竞争?这是制定具体的竞争战略的依据。以下是以汉堡包竞争为中心展开的讨论。在这当中各个企业重新评估了自身的市场领域并据此展开了你追我赶的竞争。

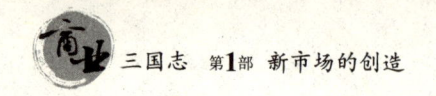

最初的竞争

1971年,麦当劳出现在日本,它在银座开设了自己的第一家店铺。至此,日本还没有属于自己的快餐饮食文化,麦当劳的企业文化对日本快餐产业的发展和成长起到了巨大的促进作用。

同时期,汉堡包连锁也出现了。第二年(1972年),第一家依特利店铺诞生在日本桥高岛屋内。此后,摩斯汉堡包也诞生在东武东上线成增站购物中心的地下一层。此后他们各自开始了自己的事业。从出现的时间上分析,不仅仅只有麦当劳抢占了市场先机(见表1)。

表1 第一家店铺的位置

	创立年份	第一家店铺的地址
麦当劳	1971年7月	银座,三单元一层
摩斯汉堡包	1972年6月	成增站购物中心的地下一层
依特利	1972年9月	日本桥高岛屋内

来源:按照各个公司的主页制作而成。

从店铺的发展史中可以了解到,最初就取得事业飞速发展的只有麦当劳和依特利。双方争先恐后地增加着自己的分店数量并向日本全国发展。10年间麦当劳的店铺数量超过了500家,而依特利也以500家为目标努力着。另一方面，当初受资金不足而困惑的摩斯汉堡包所实行的是"小型店铺"路线。进入20世纪80年代以后，店铺的数目也在缓慢增加，在汉堡包的业界里也排到前4、5名了（见表2）。当时，"软冰激凌"是它最有利的竞争者。

表2 初期店铺的标准规模和投资额

	店铺面积 (m²)	厨房面积 (m²)	厨房投资额 （万日元）	设备投资总额 （万日元）	职员 （人）	打工者 （人）
麦当劳	264	100.0	1 700	7 000	3.2	24.0
摩斯汉堡	34	8.3	290	740	2.0	2.5
侬特利	200	50.0	950	3 000	3.0	3.5
森永爱情	90	40.0	800	2 000	3.0	7.0
日本戴丽坤	66	23.0	850	2 100	2.0	2.0

来源：根据《日经流通新闻》1987年5月18日，加藤（1997）148页以及来仓编著（2005）203页而制成。

慢慢地，汉堡包作为快餐而被大家所接受。进入20世纪80年代后半段，麦当劳的低价路线开始浮出水面。当时，它和侬特利经过了几轮激烈的竞争后，好多种类的套餐都被定价在390日元以下。比如"感恩套餐"。更有甚者，30日元以下的超低价格早餐开始销售。此时，以侬特利为首的其他企业开始回应，低价格战争进行得更加激烈了。只有摩斯汉堡包没有参加这场价格竞争。摩斯汉堡包始终贯彻着自己的路线和方针，缓慢地增加着自己的店铺数量，直到店铺数量达到了仅次于麦当劳的程度（《日经流通新闻》，

1987年9月15日）。

　　伴随着以麦当劳和侬特利为中心的低价格竞争，汉堡包的市场得到了扩大。截止到1995年，该市场的规模已经接近5 000亿日元。同时，麦当劳的垄断地位也得到了巩固。与此相反，侬特利的销售业绩却持续低迷，将市场占有率第二的位置拱手让给了摩斯汉堡包。

成熟期的竞争

进入1990年的通货紧缩期，麦当劳一直持续着自己的低价战略。

1994年，"价值套餐"开始投入市场，1995年汉堡包的价格是130日元，到了1996年虽然有了价格限定条约，但还是降到了80元。

这种经济战略，不仅仅取决于通货紧缩和日元持续升值等宏观经济要素。在侬特利和摩斯汉堡的竞争中，这一点自然不必说，从全局来看也是为了压制同行业内其他企业以及遏制便利店的兴起（《日经商务》，1995年8月28日，38~43页）。当时的麦当劳总经理藤田社长如是说："根据某个调查结果，面对'在外就餐时会选择吃什么'这个问题时，有40%的人回答'吃米饭'，另外有36%的人选择汉堡包或者三明治这种面包类食物，剩下24%的人选择拉面和荞麦面等面食。我一直以来的目标就是实现36%和40%的大逆转。"（《日经商务》1994年10月24日，66~70页）

气势越来越盛的麦当劳在1995年以后开始增加了其小型店铺（卫星店）的数量，店铺数再次跃居首位

（《日本经济新闻》，1995年11月3日；《日经流通新闻》，1995年11月7日）。"卫星店"通常只有普通店铺的1/3大小，即50～100平方米左右。而它的建造费用一般只需要普通店铺的1/10，约1 500万日元到2 000万日元左右。因为规模比较小，所以在"卫星店"里只销售当时的畅销品[①]（《日经流通新闻》，1995年3月28日）。

相反，1987年以后，店铺数位于首位的摩斯汉堡的收益减少，经营状况恶化，已经到了必须重新审视经营策略的地步了。因此，他们将店铺数控制在1 500家左右，并严格控制着加盟店的数量（《日经金融新闻》，1996年11月12日）。1997年，其创始人樱花田去世，经营开始陷入混乱状态。

众所周知，从那以后，竞争全面展开了。不断强化低价格战略的麦当劳在进入2000年以后因为急速增加着自己的店铺数，不得不面临重组事业的状态。2006年的1～3月，麦当劳的利润同比下降99%，但此后事业又开始慢慢回升。同样，摩斯汉堡在贯彻着自己高品质、高价格路线的同时，也开始注意形势的变化。而侬特利在"利旺普"的支援下开始了对新市场的探索。

[①]根据这个消息，不包括卫星店在内的既存店铺都改变了经营方式。但是，从现有的和之后增加的店铺数量来看，这个时期以后的小型店铺的增加的确是事实。

为什么低价格战略适合麦当劳

麦当劳之所以大胆地使用低价格战略,理由之一就是它所采用的商业模式。众所周知,麦当劳实行的是彻底的"指南针"模式。因此,它的服务质量和效率得到了很大程度的提高。麦当劳从店长到打工者,人人都完全按照"指南针"办公。比如,制作完成7分钟以上的薯条和10分钟以上的汉堡包就不能再销售了;又比如,绝不能让顾客等待32秒以上。它所有的店铺都尽可能地实行同一种调味和待客的方式。

而且,为麦当劳的低价路线做后盾的是GPIA(国际购买情报分析)。GPIA就像麦当劳的数据库一样。即便是现在,它仍然可以提供最廉价的原料产地。麦当劳在20世纪80年代所销售的210日元的汉堡包,价格之所以在2000年以后下降到了原价的1/3,在很大程度上取决于GPIA所提供的最廉价的原材料。

当然,不只是快餐行业,无论是什么行业,只要引进了GPIA,其销售价格就能下降一半以上。当然,不能忘记正是因为麦当劳拥有的高效率的运营组合,才使得高回报率成为可能。商品价值下降,

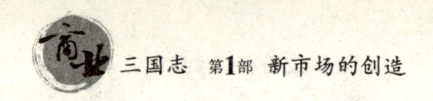

客人所支付的单价必然也会减少。但是，总体的销售额却在增加。这是因为来到店里的顾客数量增加了，并且卖出去的套餐数量也增加了。换句话说，低价格的实行换来了更多客人的订单。这也是低价战略能够成功的另一重要因素。如果不能妥善地安置好店里的大批客人，肯定会让店里的销售状况恶化。如果只是单纯依靠增加店铺的数量或规模，那么这个成本有点太大了。

事实上，麦当劳在2000年实行的平日半价消费活动，带来的回报就是销售数量增加了近5倍以上（《日经商务》，2001年7月2日，31页）。

对销售数量急剧增加的有效处理使得麦当劳的地位确立了起来。确实，麦当劳在平日里的销售额只有节假日的1/4。换句话说，平日里店铺里的设备都只是摆设而已。为了实现销售额的平衡，他们实行了"平日半价"的活动。但是，这种活动并没有达到比平时的销售额增加2倍的效果，没有完成平衡销售额的目标。因此，他们还需要更充足的准备，让经验不足的打工者学会怎样保持店铺客流的高速运转，或者积极地引进高价格、高性能的厨房设备。特别是现在这个时期，烤一个面包需要50秒的机器已经成为老古董了，现在需要的是11秒就能烤好面包的新型机器（《日经商务》，2001年7月2日，29页）。

因此，麦当劳在长期的竞争中能够保持胜利的原因，除了它的低价战略以外，还有很大一部分必须归功于它自己所建立的商业制度。麦当劳在"指南针"和系统的开发上投入了很大的力量，而且它在高端的店铺设备方面的投入一直是固定的。即这笔投入是不随原材料的价格变动或者销售额的增减而起伏。换句话说，在麦当劳的机制中，销售数量增加，企业追加的成本负担就越小。因此，在这种机制下大量的销售就成了高收益的关键。所以麦当劳就始终贯彻着自己的低价路线。

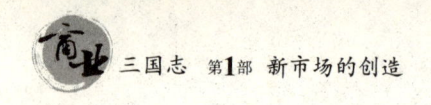

摩斯汉堡并非一开始就采用高价格战略

与此相对，摩斯汉堡始终贯彻着自己的战略。摩斯汉堡包具有很高的成本，它不仅满足了日本人独特口味，还追求着面包的品质。采用"订做"的营销方式和使用水耕栽培的有机蔬菜等措施都是为了维持商品的品质。

摩斯汉堡在城市的黄金地段上建立自己的第一家店铺，开始自己的事业。在这一点上，它和投入大量广告预算的麦当劳形成了鲜明的对比。

特别在后者刚开始创业之时，它仅仅是在普通地段的小角落里开始了自己的第一家店铺，并且只能依靠非主流媒体的传播来提高知名度。在这里，首先看到的是费用构成的不一致。在这方面摩斯汉堡和麦当劳是不一样的，原材料费等变动成本占有很高的比重，店铺和设备以及广告等固定费用的比重是很低的。因此，销售量增加的压力就要比麦当劳小很多。这就是它近年来采取高品质、高价路线的原因。

另一方面，要注意的是摩斯汉堡所采用的高品质、高价路线并不是他们一开始就选择的。高价路线变得鲜明的时候正是它在汉堡包界确立自己地位的时候。摩斯汉堡在和麦当劳这样的企业（费用构造完全不同）进行竞争之时，打出了"特色口味"和"人性化服务"这样具有个性化的招牌。

实际上，如果将时间稍微往前推一点来看，就会发现摩斯汉堡原本也是希望走低价路线的。麦当劳在1985年左右慢慢提高了汉堡包的价格。起初卖80日元的汉堡包，价格上升到了210日元。此时摩斯汉堡和侬特利分别将自己产品的价格设定为180日元。换句话说，这个时期不管是摩斯汉堡还是侬特利都在维持着商品品质的同时，也想采用最低的定价。1980年的侬特利打出了"品质的侬特利"这样的招牌，并继续着自己和麦当劳的差异化。据说他们为了保证产品的品质，使用的是植物油和冰滴式咖啡。

此时，在摩斯汉堡兴起的过程中也包含了许多意想不到的因素。比如，20世纪80年代以后，麦当劳和侬特利所进行的竞争使得汉堡包的整体市场得以扩大，同时不喜爱麦当劳和侬特利的消费者逐渐增加，而这些消费者就选择了始终坚持自己路线的摩斯汉堡。反过来，从麦当劳和侬特利的角度来看，正是因为自己的成功，才给摩斯汉堡这个第三者创造了能够

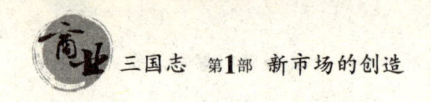

进入的市场空间。

而且，1980年的高价战略，与其说是自己的选择，倒不如说是成本太高所致。

成本太高导致价格无法下调。因为价格无法降低就使得围绕品质的竞争成为竞争的主流。当初因为资金不足而困惑的摩斯汉堡现在可以利用特许经营系统，花费很少的成本来扩大自己的事业。随后，摩斯汉堡的店铺数量有了急剧的增加。但是对这些连锁店的控制就显得比较难了。虽然摩斯汉堡的互助组织——共荣会——依然很活跃，但是互助组织自身在店铺的扩大中已经变质。无论在竞争中处于优势还是劣势，竞争的意义就是实现逆转。摩斯汉堡的特性在这样的竞争中得到了很大的磨炼。

高价路线上的再一次领先

经过20世纪90年代后半段的调整，摩斯汉堡在2003年开始发售"匠味"汉堡包。它凝结了长期以来摩斯汉堡的精华，匠味的价格为610日元。作为汉堡包而言这个价位确实有点意外。但是它的蔬菜、面包等制作材料全都经过了很严格的挑选。不仅如此，匠味在销售方面也有了自己独特的方法。匠味在开始销售的时候，只在全国的1 500家店铺里挑选了118家作为试营点，而且每家店铺每天限量销售10份，在调理技术上也非常讲究，并且配置了"制造责任者"这样的卡片。

另一方面，在2003年，汉堡包界的低价格战争告一段落。这个时期的麦当劳和侬特利开始了高附加价值商品的投入，而摩斯汉堡仍然贯彻着自己的高品质、高价格路线。

2004年3月的时候，摩斯汉堡开始了自己的"快餐·休闲业务"。"快餐·休闲业务"是把原本餐厅提供的商品和服务在一个更加舒适、平静的地方供应。这样就能更好地将快餐和餐厅的各自优势发挥出

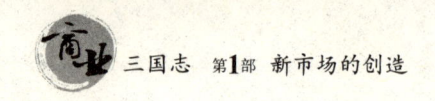

来。于是在2004年2月份，第一家"绿摩斯"店在东京新桥开张了。摩斯汉堡的"快餐·休闲业务"也在一步一步地发展着。

首先是"匠味"的引入。通过该案例，摩斯汉堡了解和确认了顾客对于高附加价值和服务的需求，并展开了事业的转变。随后，他们又根据汉堡包的行业需求引入饮茶的业务。

但是，事业的转变并不是一件容易的事。对摩斯汉堡来说更是如此，因为它是一家连锁店。一旦"绿摩斯"的变革没有足够的吸引力，再加上需要重新投入，很多连锁店是不愿意改变的。在2007年，随着主力汉堡包和打折券的推出，这场轰轰烈烈的改革开始了。

在这种状态下，他们就必须重新审视2000年以后的高价格、高附加值战略。"匠味"的成功使人们觉得摩斯汉堡是一个高级品牌。在这种背景下，只购买一杯咖啡或者一份薯条的消费群体就越来越少了（《日经流通新闻》，2007年5月19日）。另外，让人没有想到的是，"绿摩斯"所实行的禁烟化（店铺可以自己选择）反而使顾客的数量减少了。

在这样的情况下，摩斯汉堡对主力汉堡包的改造有了很大的兴趣。开始时候的摩斯汉堡包是用混合肉制作而成。1997年以后，开始使用百分之百的牛肉制作。这次，他们又回到原点，开始使用老办法来制作汉堡包。因为参与竞争的其他公司都是采用百分之百的牛肉制作汉堡包的，如果采取相同的原料就很难有自己独特的风味。同时，相对价格低廉的"S套餐"也开始销售了（《日经流通新闻》，2007年4月16日）。

从一直以来的高附加值、高价路线开始，往其他路线上转移或许更容易产生差异化。

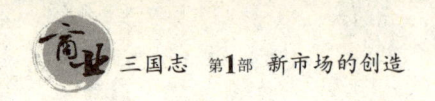

侬特利最初的"反省"

在麦当劳和摩斯汉堡进行激烈竞争的同时，侬特利却处于长期的停顿状态。尽管如此，它仍然守住了业界第三的位置。另外，它开始将自己的业务发展到包括韩国、越南、中国台湾在内的整个东南亚市场。尤其在韩国，它取得了第一的市场占有率，在和麦当劳的竞争中处于优势。

尽管如此，在日本国内，侬特利的事业却一直处于停滞、低迷的状态。甚至到2006年的时候，企业还接受了"利旺普"的援助，并且开始另谋出路。

"利旺普"、"库里斯比·奶油·炸面包圈"以及"汉堡包王"开始联手尝试让侬特利重新站起来。此次合作不仅仅涉及业务方面，店铺和营销活动也涉及其中（《日经流通》，2007年4月11日）。

获得重生的侬特利开始了最初的反省，侬特利以前没有把顾客放到第一位，相反，他们把与麦当劳的竞争看作首要任务，在与麦当劳的竞争中迷失了自我，没有很好地倾听顾客的声音。他们首先以"直汉堡"为主题想要回到原点。该产品和最近开始发售的高品质奶酪、面包一起成了"奶酪汉堡"的铺垫（《日本经济新闻》，2008年1月28日）。

在探索新方向的过程中，侬特利究竟应该以怎样一种形象存在，这成为一个很重要的话题。不仅仅在公司内部，他们还举行了很多和顾客面对面交流的调查。在这些顾客的认识中，最普遍的说法是"侬特利是生存在麦当劳和摩斯汉堡夹缝中的企业"。从顾客的立场来看，侬特利只注重和对手的竞争。这样的企业是没有独立性的。

从这个调查中他们也得到了很有趣的启发。在对其主要顾客群体（女子高中生）做面对面调查的时候，得到的评价是"侬特利真的很好吃"，但是，好吃的原因却说不出来。更有甚者，她们甚至分不清"侬特利"和"乐天（日本大型点心制造商）"的区别。

侬特利是乐天集团的企业之一。乐天+自助餐的结合被称为侬特利。尽管这样，在这长达三十年的历史中，很少有顾客知道"侬特利"和"乐天"的关系。从侬特利的立场来看，它不仅在点心的制造上，在乳业上也和乐天有很大的往来。所以它的美味是理所当然的。至此侬特利有了很大的方向性。在乐天的连带强化作用下，他们开始了对甜点、巧克力以及个性化商品的强化。

2007年3月，使用乐天的原材料制成的正式洋点心开始发售，到6月份作为强化版的"酥易天利雅"也强势登场。然后，他们尝试着用与乐天的"乐天熊仔饼"基本相同的"考拉小敦"来改变自己的品牌形象。

本章小结——拥有正确的自我认识，改变竞争姿态

　　企业在竞争中探索着属于自己的生存之道。不管是麦当劳的低价战略还是摩斯汉堡的高品质、高价路线，或者是侬特利的重生之道，都不是他们一开始就采用的，反而都是在竞争的过程中不断完善、不断重新认识自己之后所选定的战略。这才是一种竞争的姿态。

　　企业到底应该采用什么样的战略，不仅和这个企业对自己所面对的竞争的认识有关，也和一个企业的自我认识有关。一旦自我认识产生变化，那么它面临的竞争也会随之变化。

　　麦当劳不断地对自己的低价战略进行强化，摩斯汉堡意识到高品质、高价格才是适合自己的路线。就像开始提及的一样，快餐行业是一个非常广泛的行业。麦当劳作为行业的领头羊，它所采取的战略是在有很多假想敌的情况下制定的。而摩斯汉堡通过绿摩斯的推出，把与餐馆和咖啡屋的竞争也计算在内。对于侬特利来说也一样，如果连带强化路线成功，他们将会面临一个全新的竞争环境。

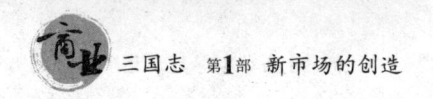

正如"知己知彼，百战不殆"这样的古训，在如今的商务竞争中，也必须知己知彼。只有了解了对手，才能更好地了解自己，了解了自己才能更明确地意识到哪些才是潜在对手。对手和自己的关系已经成为一个不断循环的全新理论了。

●参考文献

上田龙穗编（2003），《学习事例、价格战略·入门》，有斐阁出版社。

加藤胜美（1997），《看见梦想的杂草们——摩斯汉堡小巷经营的阐明》，出版文化社。

栗木契·余田拓朗·清水信年（2006），《成功企业的市场营销》，日本经济新闻社。

庆应商务库（1983），《摩斯食品服务公司》，庆应商务大学。

东北大学经营学团体（1998），《学习事例的经营学》，有斐阁出版社。

沼上轩（2000），《经营学的行为：在经营学的范围内对意外结果的探寻》，自挑书房。

米仓仓诚一郎编(2005)，《事例册 日本的苏和提高企业》，有斐阁出版社。

《市场占有率》，日本产业新闻社1997~2008年度版。

第 3 章

移动式笔记本电脑

松下
VS
索尼
VS
联想

清水信年　准教授　商学部　流通科学大学

不同地域市场的消费者有着不同的需求，针对日本消费者对于笔记本电脑的各种另类需求，松下、索尼、联想分别展开了各不相同却同样卓有成效的策略……

松下电器产业株式会社1918年由松下幸之助创业；发展品牌产品涉及家电、数码视听电子、办公产品、航空等诸多领域而享誉全球；更有松下营销文化的积淀，使得该企业品牌跃入《世界品牌500强》排行榜。

索尼公司，简称索尼，又译为新力公司。创立于1946年5月，企业总部位于日本东京，为横跨数码、生活用品、娱乐领域的世界巨擘，其前身是"东京通信工业株式会社"。

联想集团公司是一家极富创新性的国际化的科技公司，由联想及原IBM个人电脑事业部所组成。作为全球个人电脑市场的领导企业，联想从事开发、制造并销售最可靠的、安全易用的技术产品及优质专业的服务，帮助全球客户和合作伙伴取得成功。

与击败竞争对手有稍许不同的笔记本市场

虽然日本拥有成熟的电脑市场,但是笔记本电脑特别是个人业务的小型笔记本电脑的产量却在持续增加。而且,该市场也在追寻着日本自己独特的风格。

美国和日本的消费者对于电脑的需求是不一样的。对交通大多依靠车的美国消费者来说,就算是拿着和A4纸(210×297毫米)一样大的笔记本电脑也能使用。但是对于交通主要依靠步行和电车的日本人来说,他们希望的是小体积、轻量化的产品,而不再追求电池的容量和显示器的大小。他们需要的是能够承受地铁中拥挤的压力的耐用产品。另一方面,制作轻薄短小的产品也正是日本企业的拿手好戏。

东芝是全世界笔记本市场上的领头羊(见图1)。1985年排名世界第一的电脑"T1100"在欧洲开始发售。在1989年,被誉为当时世界上最小、最轻的"东芝笔记本"也开始投入生产。

在这之后,虽然有很多厂家参与到笔记本电脑的市场中来,但本章所列举的三个品牌都是以日本为据点进行独立研发和销售的。它们是ThinkPad、联想和

VAIO。它们都为满足日本市场对小型电脑的需求而展开生产。这看起来像是一种与"击退竞争对手"有些许不同的竞争（见图2）。

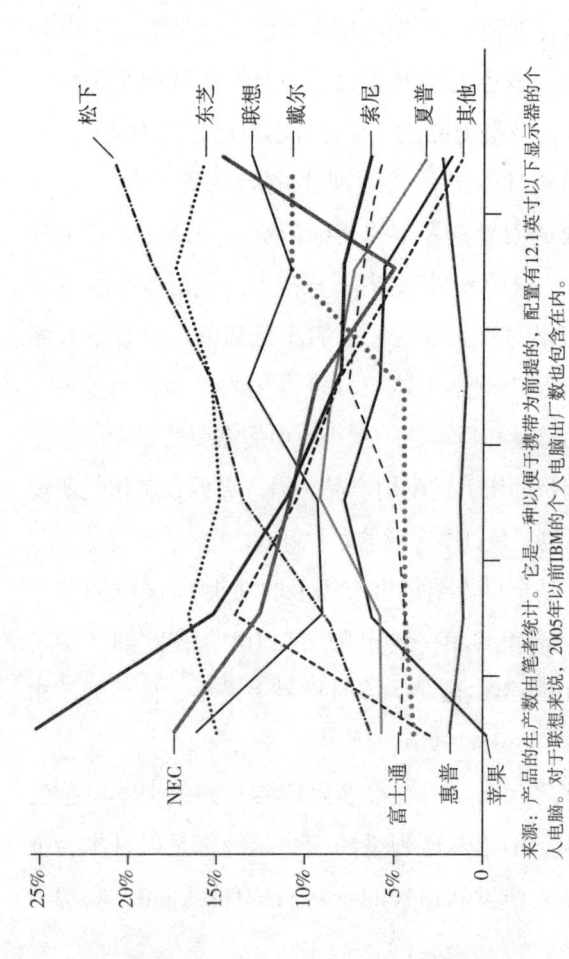

图1 移动PC的个人占有率

来源：产品的生产数由笔者统计。它是一种以便于携带为前提的，配置有12.1英寸以下显示器的个人电脑。对于联想来说，2005年以前IBM的个人电脑出厂数也包含在内。

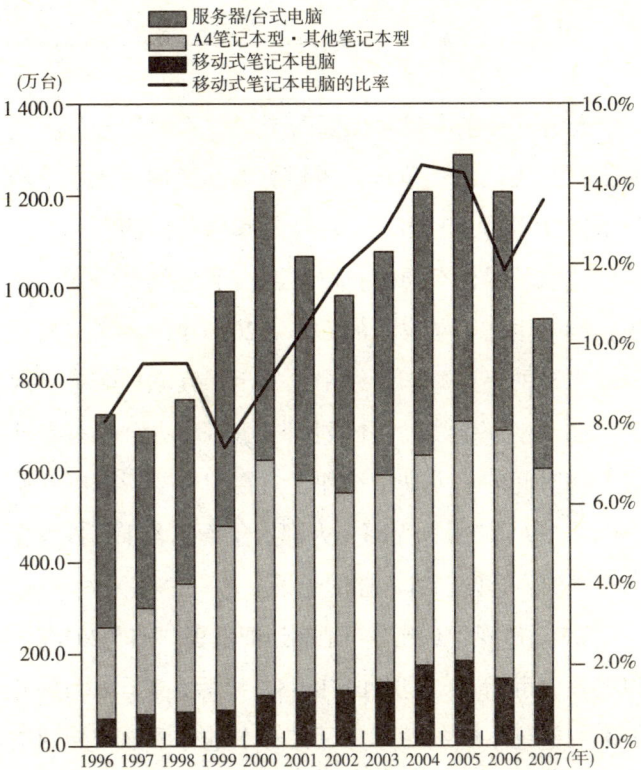

图例：
- 服务器/台式电脑
- A4笔记本型·其他笔记本型
- 移动式笔记本电脑
- 移动式笔记本电脑的比率

来源：笔者根据JEITA的主页制成。服务器中不包含2004年度的数据。因为参加各年度统计数据的企业不完全相同，所以并不能非常准确地反映日本市场上的电脑生产数。"移动式笔记本电脑"包含在电脑以内。如果是附带键盘的产品，它的外形尺寸必须是B5纸（176×250毫米）大小以下，或者是重量未达到2千克的产品。

图2　不同电脑的生产业绩

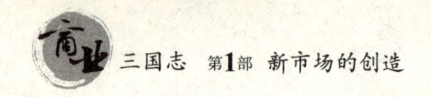

从试销售开始的ThinkPad

最近,在东海道·山阳新干线"希望"号(在交通方面与飞机的竞争日益激烈)上,使用笔记本电脑的乘客变得越来越多了。在普通车窗的两侧、车端部的座位以及绿色车厢的座位上设置了电压为100V的插座,同时也增加了桌子的面积。2009年的春天,根据无线网络的决定,新干线中也推出了互联网服务。因此,在乘坐新干线的时候利用电脑进行办公来打发这段无聊时间的人就渐渐增加了。在"希望"号刚开始出现的1992年3月,大部分人都想象不到若干年以后在东海道的列车内会有这样的光景。

IBM虽然晚于东芝等当地制造商发售"PS/55NOLE"和进入该市场,但是在1991年3月以后,美国IBM展开了别的笔记本电脑业务,只在日本进行了该产品的销售。这之后的几个机种就用"ThinkPad 700C"这样的名称在海外进行了销售。这种产品获得了很多和电脑有关的奖项及广大消费者的好评。

面积仅有A4纸大小的700C的特点之一,就是它比别的公司产品更小巧。但是在日本,这样大小的电脑并不是像在美国一样用来携带使用的，而是放在办公室的桌子上代替台式机的。在比台式机节省空间这一点上它获得了不少好评。但为了满足日本的消费者，他们必须考虑体积更小的笔记本电脑，日本的技术人员们开始自己制作日本独有的机种。终于，到了2003年5月"ThinkPad220"登场了。

这个电脑的大小只有A4纸的一半左右，商务包纵向就可以放下它。机器本身的重量只有1千克左右，就算加上电池和电源适配器也才只有700C重量的一半。它被称为面向日本人的电脑先驱。

不过，该公司对220的投入属于试验型的，销售时也采用被称为"监视销售"的厂家直销，购买者有义务将市场调查送回给厂家。在得到了大约2 000名消费者回馈以后的第2年，"ThinkPad 230Cs"出现了。在回复的全部调查中，有大约500名消费者希望获得体积更小一点的产品，而剩下的1 500名希望能够获得更有力的商务模式。根据这份市场调查，230Cs比220不管是在体积还是在重量上都稍有增加，但是却因为配置了更强劲的CPU和彩色液晶显示器而博得大家的喜爱。

在那之后，与日本IBM相同大小的其他机型也开始发售了，但是他们都是只针对日本市场的产品。这种

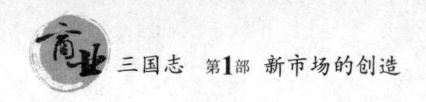

产品在国外似乎不是那么受欢迎。就拿键盘的大小来说，220的键盘只有700C的80%左右。这对体型偏大的欧美人来说是非常不方便的。如果只是在按键的配置上下工夫，而整体的尺寸变小，又与他们从小养成的习惯不符。另外还有电脑包的装置方式和随身携带的方式都是不一样的。上班族的长指甲所带来的麻烦、亚利桑那沙漠、飞机货物室里的强烈的温差等。必须考虑到，在海外能展开市场的电脑和日本人所喜爱的电脑有着非常大的差异。

1996年5月登场的"ThinkPad560"不仅仅在日本，在国外也取得了很大的成功。除了尺寸只有A4纸大小以外，它还拥有3.1厘米的厚度、1.9千克的重量。它在保证了键盘尺寸的同时达到了整体的最小化。对准备展开全球化业务的IBM来说，摒弃"日本独有"的这种想法，用世界的标准来满足日本顾客已经成为他们的志向所在。

疯狂的消费潮流"笔记吧"

IBM在全球范围内展开ThinkPad业务的同时,松下电器的某个部门却陷入了困境。

在20世纪90年代初,由于受委托为面向日本的笔记本电脑进行"贴牌生产",松下电器具有了相当的规模。但是由于日本的IBM改组以后电脑的生产受美国总部直接控制,1994年它的规模缩减到只有起初的一半左右。担当"贴牌生产"的特别小组为了维持自己的体系,不得不开始创造自己的品牌。由于实行的是独立运作和严格的业绩管理制度,该公司事业部体系仍然在发挥着作用。

不管是台式电脑、个人电脑或者笔记本电脑,所有与公司有关的电脑业务都必须亲手操作。

经过这样的一段时间,该事业部终于在1995年6月发售了"PRONOTE jet mini"。它比ThinkPad 230Cs等的产品性能都高,并且尺寸小、重量轻,在电脑专门杂志上好评如潮。尽管如此,它的销售却非常惨淡,年销售额还不到预计销售额的一半。

尽管他们被告知如果再次出现销售赤字就必须解

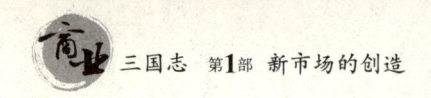

散，他们还是想要背水一战。当时他们从秋叶原的贩卖店了解到，现在人们追求的是清晰的画面和高性能。作为一个技术者，他们必须了解消费者真正需要的是什么。在经过了很多改良之后，1996年6月第一代"笔记吧AL-N1"问世了。

到了1997年6月，"笔记吧AL-N2"也开始进入市场。随着通信产业的发展，松下电脑开设了自己的论坛，这样就能更多地了解用户的反应。论坛上最有影响力的15名用户将被邀请直接参加实际计划的制定。开发者也是立场不同的用户。当时的负责人这样说道："由你们自己来制造自己愿意花钱购买的电脑。"这种AL-N2的特征之一就是采用了彩色显示器。第一代的"笔记吧AL-N1"经常被用来和日本IBM生产的"ThinkPad 535"做比较。这种553机型是前面说过的230Cs的改进版。这些模型现在仍然作为ThinkPad的特征而存在。它使用的是被称为"ThinkPad"的红色触控器。与这种机器的优良性能相比较，第一代的"笔记吧AL-N1"获得的用户评价不是很理想。

从AL-N2以后所采用就是"笔记吧"系列最值得骄傲的"光标"了。与以前的机械式"光标"相比，这种用特殊球和人工红宝石制作出来的光标只有欧洲的某一个厂才能制作。使用新型的光标即使指尖被灰尘等弄脏了，它的操作性也丝毫不减，因此它得到了很高的人气。很多自称狂热粉丝的人都是因为这款光标才喜欢上这款产品。

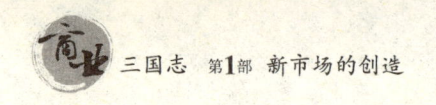

将设计变为风潮的VAIO（影音集成操作）

笔记吧AL-N2完全滞销是在那年的夏天。1997年7月，索尼将新的电脑品牌VAIO推向了市场。在美国市场上的台式电脑发售差不多一年以后，作为日本主要的生产厂家的它最后一个加入到这场竞争中来。这个冲击波是非常大的。VAIO以获得消费者很高的支持为契机，并被称为AV（影音作品）和外形设计的完美结合体。

以VAIO(视频、音频、综合、操作)这样的品牌命名，不难发现它和AV机能的关系。开始投入的台式机只添加了看电视和刻录CD的功能，而后来所推出的新产品拥有了编辑动画、迷你音响以及其他的AV机能，它的娱乐性大大地提高了。但是，还有一个关键的工作（与设计的独创性有关）迟迟未能开展，因此直到11月左右这款产品才开始投入市场。这在很大程度上是依赖人们对于个人电脑"VAIO PCG-505"（其尺寸只有B5文件大小）的评价。

这个机型投放市场的时间比较晚，是因为在开发的过程中，由于感觉不到"索尼"品牌应有的外观，该项目曾被终止了一段时间。当时的负责人想追求携带性和实用性的平衡，对其进行综合考虑，结果做出来的东西和一般的电脑没什么区别。最后,他们只好牺牲了一些实用性,并以打造"世界第一薄"为目标。终于"拥有索尼品牌形象"的生产计划实现了。

有一点在业内是得到公认的:笔记本电脑的制作就是在"削减作业"。

与台式机相比,笔记本电脑的制作受到尺寸大小的影响很严重。满足所有消费者的需求是不现实的。要想突出其中一个特点就必须牺牲其他的某些东西。如果将青少年看作潜在消费者,就必须提高它的可携带性,因此也就必须缩小它的显示画面。如果键盘也跟着缩小,在输入的时候就有可能产生更多的错误。如果要保证产品的轻量化,就必须减少它和其他机器的接口和PC插卡槽,这样它的延伸性就被限制了。如果要节约键盘按钮的深度,在使用的时候就会给顾客一种不协调感。单薄的机身也总让人感觉不是那么的结实。小型的电脑导致其体积也比较小,这就对它的电池和驱动时间产生了限制,也经不起从东京到新大阪这3个多小时的考验了……

因此,根据消费者的需求和开发者的开发理念,做好必要的取舍就成为非常关键的工作了。PCG-505的开发者为了使产品达到索尼的品牌形象,选择了轻薄化。与此同时,它就不得不牺牲掉其他一些方面的

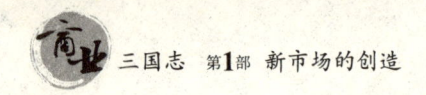

优势，或者说他们为了实现产品的平衡，一直努力地在技术和素材上下工夫。如果想拥有超薄的机身，就必须在接口端上下工夫。采用加工程序复杂的镁合金外壳，使得高温从内部消耗掉了。在克服了无数的困难之后，它成功地成为了当时市场上的最薄机型，仅仅有B5文件尺寸大小和23.9毫米的厚度。

比PCG-505的机身更加微薄的紫色（紫罗兰）机型一经问世，就给当时的市场带来很大的冲击。在以商务青年为潜在客户所开发的都是黑色的电脑盛行之时，它引起了新的"银色"潮流。自此之后，不管是日本电气公司、夏普、东芝等日本制造商，还是康柏、网关等一直对电脑的微薄化持消极态度的美国公司，都开始争相生产重量在2千克左右的薄型电脑。另外，为薄型电脑配备的12英寸和14.1英寸的液晶显示器、超薄锂电池等的制造技术也在不断发展。

最重要的是，在越来越进步的AV机能和互联网的提携作用下，VAIO系列不仅将职场人士和电脑爱好者作为自己的潜在客户。这一面向广大群体的策略被确立后就受到了消费者的一致好评。移动电脑不仅仅是针对职场人士设计的，它使人们可以随时随地享受信息时代带来的乐趣。而这，就是索尼给市场带来的新意。

和薄型的诀别——"笔记吧"的转机

在2000年左右，各个公司分别推出了自己的薄型机，这个市场顿时变得热闹起来。而松下的"笔记吧"却迎来了自己和这个潮流的诀别。

2002年3月，松下电器生产的"笔记吧CF-RI"开始登场。重量仅为960克的电池驱动时间为6小时。这样的重量以及驱动时间给整个电脑行业带了巨大的冲击。随后他们推出了12.1英寸屏幕、电池重量为999克的"笔记吧CF-TI"（2002年11月发售）。相同的画面大小并且配备了光学硬盘驱动器并且驱动时间为7.5小时、重量为1 290克的"笔记吧CF-W2"在2003年6月发售，以及画面是14.1英寸、重量为1 490克的"笔记吧CF-Y2"于2004年2月开始发售。通过这一系列商品，它生产的笔记本电脑取得了市场第一销售额的宝座。

在开发CF-RI时，公司内部存在两大分歧：

第一大分歧是：继续以"商务青年"为潜在客户，将产品的轻量、待机时间长的特点更好地发挥出来。当时通过各种调查得知，人们对"笔记吧"的评价是：像蜘蛛网一样的东西。换句话说，他们并没有发挥出自己的优势，已经被同类产品掩埋了。在以轻量、待机时间长为焦点时，却使它们获得了随处可见的评价。

第二大分歧是：是否采用薄型设计。CF-RI的最底部有37毫米的厚度。与其他公司的产品比起来，这种设计很难让人有"苗条"的感觉。但是，在做出了一些设计面上的牺牲，实现了彻底的轻量、待机时间长之后，它获得了很高的顾客评价。

当时在市场上流通的各种笔记本配件都是以超薄型电脑为前提的。"笔记吧"的设计者们想要寻找一种既有厚度又有优良品质的底面是非常困难的。放弃薄型机对于开发者们来说并不是一件容易的事。

这样的辛苦全都是为了实现电脑的轻量化。CF-RI成为了此后"笔记吧"的风向标。另外一个做出的决定也是这样的。这就是：不再给以后的电脑配置光标球了。但是每次的新型机一经推出，就会有恢复光标球的呼声。然后根据这样的呼声就会再次推出该机型的强化版。尽管这样，为了追求彻底的轻量化，只能放弃占有重量的光标球。

取而代之的是一个新研制的圆形车轮垫，与以前的四角厚板垫比起来也让人眼前一亮。这样的车轮垫不仅让人耳目一新，通过对它的操纵也可以实现画面的自由滚动。这样就拥有了自己独特的机能。对于很多粉丝来说这可能是很难接受的事，但是他们这个计划不仅是要扩大客户层，而且要表现出公司的气魄。

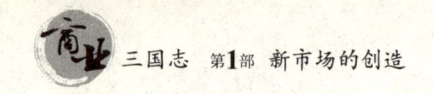

由"关注焦点"所产生的意识

但是,在针对商务青年而实行轻量、待机时间长的特点的过程中,"笔记吧"的开发者们注意到以下两点。

第一:针对这样的做法,顾客产生了很多的意见。难道选择轻量、待机时间长的商务人士真的是一直在用电脑吗?当然,在不安静的地方使用电脑,或者把电脑从包里拿出来的时候,肯定也增加了掉在地上的危险。在满员的电车中,液晶显示器所受的几乎能将其毁坏的挤压也成了一个问题。但是,在实际对这些用户的使用状况调查后发现,耐用并不仅仅指结实。例如,也必须增加防水性和确保不掉色。第二:CF-RI开始销售以后,开发者认为在对轻量、待机时间长追求的基础上,"笔记吧"应该开始实现自己多样化生产了。

尽管在设计上做出了很大的牺牲,但它还是受到了很高的评价。这是因为,有的企业在一次性购买大量机器的时候,根据预算需要分批次来购买和分配。当然,在这种情况下最先得到分配的肯定是最需要或者是地位比较高的人。这样,在几个周以后,他们就会将自己的二手机器转交给部下，自己为了赶时髦而去追求新购入的新型机。

这个时候，一直不曾改变外观的"笔记吧"就受到了这些公司内部人士的一致好评。

"笔记吧"的担当部门曾将顾客企业IT部门的主管聚集在一起，召开了专门的"电脑会诊"。在听从了实际使用的顾客和企业的反应以及顾客企业电脑系统的IT部门负责人的意见后，他们对于耐用和外形设计有了新的启发。为了满足保守管理服务以及定做业务，他们开始实施针对顾客的不同的经营和支援体制。松下电器就这样慢慢地在电脑行业里奠定着自己的地位。

VAIO现在也同样对企业顾客这个方面进行了大量的投资。2006年秋天开始发售的"VAIO typeG"就是索尼面向日本市场专门设计的。

拥有很高人气的VAIO依靠自己的品牌吸引力和依赖性，也获得了很多企业客户的订单。为了真正将面向商务的市场打开，在typeG开始投入市场的时候，他们专门对1 600家企业的需求展开了调查。轻量、待机时间长仍然是很重要的，但是液晶显示器在日本的商务场所似乎引起各种各样的不便。此事反映出，VAIO

似乎在以前不是很积极地面对这些。因此，它举办了公布产品的试验数值等很多具有魅力的活动。除了电脑业务，该公司也在考虑面向商务的产品以及B2B战略的展开。

另一方面，ThinkPad已经成为一个面向全球市场的品牌。但是，它的开发和制造地一直在神奈川县大和市的事务所内。2004年12月IBM将个人电脑业务卖给联想以后，这个状况也没有改变。在操作性、依赖性、设计以及支援体制等各个方面，它都没有辜负既存顾客的期望，在被收购后依然做出不懈的努力，保持着ThinkPad的品牌形象。

联想的品质加上ThinkPad的力量，使得该公司的品牌变得越来越有意思了。在IBM时代，很多大型企业都是它的生意伙伴。

要让一般的用户接受ThinkPad是一件很不容易的事。但是，可以把这个任务交给擅长走低价路线的联想来完成。ThinkPad只需要明确地用自己的高附加值路线来吸引高端客户。"ThinkPad永远是ThinkPad，在电脑的世界里，它拥有和苹果相同的价值。尽管现在归到了联想的旗下，它还是能够进行研究、开发以及带动新的技术革命。

本章小结——创造市场时进行的斗争

从20世纪90年代开始的各个品牌持续的竞争轨迹，与为了争夺有限的市场份额所进行的竞争是不同性质的。

最重要的原因是，电脑市场不是从来就有的东西。如果电脑市场是以美国为中心慢慢展开的，那可能不会从笔记本电脑里出现移动PC这种业务了吧。对于日本的IBM技术者来说，他们想要制造出适合自己国家的机器。为了满足顾客的小型、轻量、长时间驱动的需求，松下的经营者拼命地工作。而索尼一直执着地追求着做出符合自己公司形象的产品。这些当事人所采取的措施，都是以履行自己的使命为前提的。它们三者分别展开了各自的活动，结果使得日本电脑市场整体得以扩大。

今后，在日本市场上得到磨合的这些技术和知识或许也能够在世界市场上发挥自己的作用。2008年春，外形经过千锤百炼的苹果牌"MacBook Air"登场了，厚度仅有2厘米的它一经问世就以小型、轻便的优势在日本以外的地方博得很高的人气。接着以华硕的"Eee PC"为代表的"迷你笔记本"也登场了。显示屏仅有10英寸并配合着超低价格进行销售的它，很快

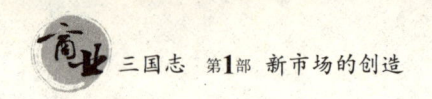

就展现出自己的魅力，生产额也在急速的增长。为了节省空间保持台式电脑外形的同时，运用笔记本电脑的技术设计而成的产品也在不断增加。

作为ThinkPad和Lenovo电脑开发据点的大和事业所、日本松下电器的神户工厂、用索尼独创的技术制造出VAIO电脑的索尼公司长野训练场，都在制造着自己品牌的电脑。用全球化的眼光来看日本市场，或许这个市场是很狭小的，但是在这里的竞争中得到锻炼并积蓄的尖端技术、对客户要求的反应力等，肯定会在以后的全球市场中产生巨大的积极作用。

● 参考文献

All about ThinkPad编纂委员会（1998），《All about ThinkPad 1991-1998》，软体银行。

FPANAPC(1998a)，《Let's note 领航者2》，软体银行。

FPANAPC(1998b)，《Let's note 领航者3》，软体银行。

涉谷觉（2003），《产品和高端市场的相互作用 日本IBM ThinkPad》，池尾恭一编《网络·揭示板的行销战略》，有斐阁、57～90页。

森田正隆(2003)，《产品和高端市场的相互作用 松下电器·笔记吧》，池尾恭一编《网络，揭示板的行销战略》，有斐阁、27～56页。

笔记吧10周年活动实行委员会编 (2007)，《Tough for Success——笔记吧将成功纳入怀中》，松下电器产业公司。

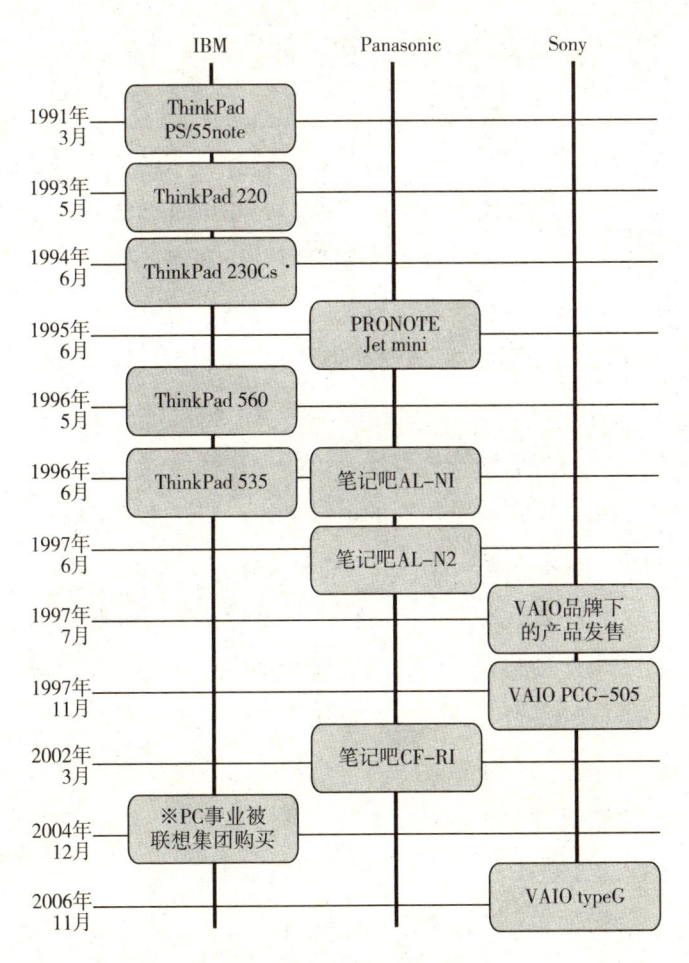

	IBM	Panasonic	Sony
1991年3月	ThinkPad PS/55note		
1993年5月	ThinkPad 220		
1994年6月	ThinkPad 230Cs		
1995年6月		PRONOTE Jet mini	
1996年5月	ThinkPad 560		
1996年6月	ThinkPad 535	笔记吧AL-NI	
1997年6月		笔记吧AL-N2	
1997年7月			VAIO品牌下的产品发售
1997年11月			VAIO PCG-505
2002年3月		笔记吧CF-RI	
2004年12月	※PC事业被联想集团购买		
2006年11月			VAIO typeG

图3 3个公司的主业产品

第1部总结——市场的创发

商业的市场包含两个方面。一个是通过市场占有率表现出来的。比如一提起啤酒就想到朝日是第一，麒麟是第二，说起发泡酒就能想到麒麟是第一等。这种情况的市场是在特定产业里所进行的企业竞争状况，或者说是根据这样的竞争才成立的特定产业。与这个相对应的另一种市场是市场销售额所表示的。在这种市场中，对于同样的电脑来说，有人喜欢高端的机种，也有人喜欢性能不全的便宜货。

前一个市场是企业同行之间进行竞争的市场，而后一个市场则是不同的消费者所集中的市场。没有哪一个好哪一个不好之分，市场本身就包含了这两个侧面。相反，只注意其中一个市场会很危险。看不见竞争的企业，发展可能会落后于其他企业，无视消费者的企业也就不可能满足消费者的需求了。

本书中一直叙述的"市场的创发"，到底是针对这两个市场中的哪个提出的呢？相信读完了这本书第1部的读者们已经注意到，市场的创发是指在对这两个市场都产生反应的同时，表现出与这两个市场都不相同的第三个市场。

这里的重点是"创发"。创发是指表现出来的不能用要素还原的事情。简单地说，比如，对于只是一块有机体的我们人类来说，心脏的生长就是创发。不管是企业竞争的市场还是消费者组成的市场，单纯地看起来，它们各自的要素也就只有企业和消费者了。但是，实际上市场中还存在着不能被这些要素所还原的属于自己的特征。

创发的市场是一个既不属于企业也不属于消费者的市场。当然，没有要素的市场是不存在的。作为结果所产生的市场是一个和企业、消费者都不同的东西。企业如果不被市场接受，企业的生存就存在危险性。自己企业的生存就容易被自己所创造出来的市场所左右。消费者也是同样的，经常会有被市场牵制这样的错觉，尽管如此，市场是不是根据消费者的需求而产生仍然不得而知。

比如，因为高品位啤酒市场的成立，各个企业不得不进行长时间的竞争。很久以前肯定就存在想喝高品位啤酒的消费者了，这肯定不是由于市场的发展所导致的。只不过到现在为止，它仍然在这个形成的市场上流通而已。

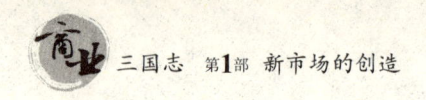

在汉堡包的竞争中，也形成了新的市场。以麦当劳和依特利的竞争中出现的全新市场为契机，随着与自己的目标不一致的消费者群体的成长，摩斯汉堡快速发展起来。或者说，那个时候麦当劳已经超越了汉堡这个被限定了的行业而和快餐、中餐进行了新的市场竞争。无论把竞争还是消费者放到那里都是不可能的，因为那是一种无形的市场。

与此同时，电脑也是一样的。笔记本电脑的发展路线并不只有一种。它们根据顾客的要求各自寻找着属于自己的方向。"笔记吧"作为当时的主流并不是因为"设计性"和"薄"，而是因为它在追求"耐用"的同时给市场创造出了新的价值，使竞争的焦点和消费者的需求都出现了变化。在这里，必须反复说到的是，这既不是属于企业的东西，也不是属于消费者的东西，一直被它们所支持的是一个有着自己的运作规则的市场。

第2部 三国志的理论

第2部序言——叙述三国之间竞争过程的意义

"严战出猛士",今天的我们也要学习这个历史遗训,将一部三方竞争对手之战的历史巨作再现于当今企业竞争场面之中。

处于商业战场上相互竞争的公司,各自拥有不同的"志向"与"战略"。各竞争公司在为了夺取市场霸权而进行的争斗中,使自身的"志向"与"战略"得到了历练与成长。极限之战必将催生各自的创思,当然,偶尔也会带来任何人都意想不到的现实结果。在战争的过程中,新的市场产生,新的资源得到了培育,然后获得开展下一次战争的能力。战争就是使自身得到更进一步锻炼的过程。参与竞争的三个国家都站在自己的立场上进行着努力。商业三国的第一部以"新市场的创发"为标题,并以高品位啤酒、汉堡包、移动电脑等市场为例,阐述了三国之间错综复杂的竞争关系。

本书的第二部分以"三国志的理论"为题目。通常来说,竞争是指两者之间的竞争关系,或者说竞争对手之间的攻防战。但是本书记载的不是两者之间而是三者之间的竞争过程,叙述这样的竞争过程,到底有什么意义呢?

社会学者金迈路(Ceorg Simme)在其著作《社会学》的

"属于集团的量的规定"中写到,集团数量的出现会产生形式上关系的差异。两者、三者或者说四者以上,关系的构成就会有很大的不同。因此,金迈路说了下面的一段话:

"第三者的出现使得没有了绝对的对立、妥协或者放弃,当然偶尔可能会引起对立的产生。三者之间的关系是通过三个典型的集团化而产生的。而且这样的集团化的形成,一方面,在有两个要素的情况下不能成立,另一方面,有四个以上要素的情况也被排除在外。或者说,它们的形式类型不能改变,只是单纯的实行量的增加而已。"

金迈路说的这个典型的三者关系中,对于第二者来说,第三者就是"中立者、媒介者",这样第三者就能坐收渔翁之利。或者说,第三者协助第一者并支配剩下的一方。最后虽然只剩下两个集团,但是可以形成支配剩下一方的"分割支配"关系。

确实,这种关系在两者的竞争过程中是没有的,为了将其明显地表示出来,对三者之间竞争过程的描述是很重要的。

这正是商业三国的意义所在,即三国志的理论。

在这种情况下,到底家用游戏机、婴儿纸尿布、健康绿茶市场上有没有三国志的理论,我们从它们三者之间错综复杂的竞争关系上来确认吧。

石井淳藏 西川英彦

第1章

健康绿茶

花王
VS
三得利
VS
伊藤园

吉田满梨　博士后　经营学研究科　神户大学大学院

　　日本于1991年订立了"特定保健用食品"制度，只有经过了厚生省特定保健用食品评价委员会的专家审查，才可以在产品包装上标示具体的效果。申请"特定保健用食品"许可的手续繁琐、费用高、审查严格，而商品取得许可后，并不一定就有市场。花王的"露西亚绿茶"，三得利的"黑乌龙茶"，伊藤园的"儿茶素绿茶"，做出了不同的选择。

花王株式会社成立于1887年，前身是西洋杂货店"长濑商店"（花王石硷），主要销售美国产化妆香皂以及日本国产香皂和进口文具等，创业人是长濑富郎。目前花王产品涉及化妆品等600多种，大多是高分子化学品。

日本**三得利株式会社**创业于1899年，是一个国际化、多品种、多领域经营的大型跨国集团，业务涉及酒类、饮料、食品、保健品、餐饮管理和花卉等，经营区域跨越了40多个国家和地区。

日本**伊藤园株式会社**是日本市场继可口可乐、百事可乐之后最大的罐装健康饮料公司。公司建立于1966年，在近半个世纪的发展中，已投入资本126亿日元。公司秉承的理念是"更快、更新鲜"，公司涉及的业务范围包括茶叶及其衍生产业的制罐、储存、物流、销售。

首先——为什么健康茶引人注目

近年PET瓶装的各种无糖茶饮料市场都似乎处在停滞状态。但是，有一种茶饮品的销售额却在稳步增长。这就是取得特定保健用品许可证，并以追求健康为目的的健康茶饮料。预计在8 446亿日元的无糖茶饮料市场上占到600亿日元以上的健康茶饮料，已经成为各个制造商的宠儿。新型的健康茶饮料也在不断地出现（见图1）。

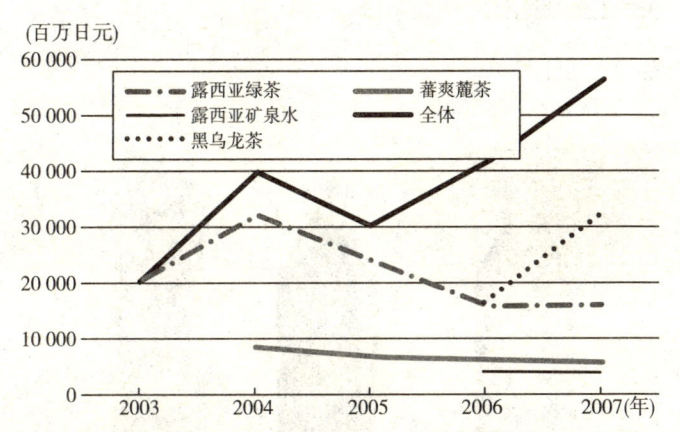

(百万日元)

来源：2004～2007年的数值是根据柑橘《HB行销》富士经济（2006~2008年）制作而成。2003年的《露西亚绿茶》、《黑乌龙茶》的数值是从花王以及养乐多本公司得来的。

图1 健康茶饮料品牌的销售额变化

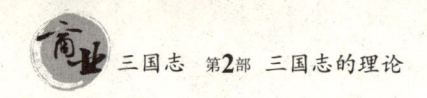

这些健康茶饮料商品都有一些共同点，使得它们在清凉饮料市场上形成了一个新的市场种类。它们的共同特征包括以下几种。第一，包装瓶比PET的主流包装瓶小，由以前的500毫克变为现在的350毫克，并且价格稍高。第二，它们选择便利店作为销售点。第三，获得了特定保健用食品的许可证，并在包装盒上清楚标注具有健康机能的"健康索赔"标志。

本文是以健康茶饮料市场上的畅销品——2003年由花王发售的"露西亚绿茶"、2006年由三得利发售的"黑乌龙茶"、2008年由伊藤园发售的"儿茶素绿茶"——为中心，并揭示了它们的研发经过以及销售战略（见图2）。

图2 自左至右依次为："露西亚绿茶"、"黑乌龙茶"、"儿茶素绿茶"

这三个企业之间的互相竞争，使得健康茶饮料这样的新型竞争市场形成了，更给我们展示了包括清凉茶饮料在内的既存绿茶饮料市场的竞争变化，并且指导我们在市场和竞争关系发生变化时应采取什么样的营销手段。

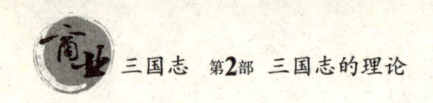

花王"露西亚绿茶"在很大程度上改变了市场

从古代开始,我们就知道绿茶有醒神、解毒、瘦身等效果。到目前为止,乌龙茶、杜仲茶等对健康有效的茶在媒体上被广泛宣传,已经形成了好几次潮流。到了近年,健康饮料更是推动了好几次市场的变化,导致了新市场的形成。

第一,"生活习惯病"的增加。所谓的生活习惯病是指:肥胖、高脂血症、糖尿病、高血压等疾病的总称。事实上,据说在日本,3个人中就有2个会死于生活习惯病。而且,生活习惯病的起因就是:现在社会饮食文化的变化导致内脏脂肪堆积。内脏脂肪堆积是包含了高血压、高血脂、高脂血症中任意二者以上的"内脏脂肪症候群"的病因。

第二,政府为了防止成人病的患者数增加以及高龄化所引起的对医疗费的抑制,决定实施《特定保健用食品制度》防范于未然。从2008年4月开始,让特定健诊和特定保健指导成为医疗保险者义务的新制度开始实施了。"特定保健用食品"就是这种抑制医疗费政策中的一环。1991年，特定保健用食品以食品卫生法为基础，证明了食品在医学、营养学上的功效，并由厚生劳务省展示了具体的用途和功效。换句话说，就是允许了"健康索赔"制度。但是获得许可的前提是商品的安全性和效果必须得到承认。这样就必须收集数据并重新审查，而新数据提出不仅需要很多年的时间，还必须经过临床测试，并且要花费数亿日元的开发经费。

1998年，养乐多总公司开始销售取得特定保健用食品称号的"蕃爽麓茶"。2002年3月可尔必思发售了"健茶王"，在"有血糖顾虑的人专用"的招牌影响下，销售额不断增加。但它们都是以快递和邮寄为主要流通手段进行销售的。据推测，在2002年它的市场规模达到了150亿～200亿日元左右。

2003年花王所发售的健康茶饮料"露西亚绿茶"很大程度上改变了这样的状况。"露西亚绿茶"以茶中含有的对消耗脂肪效果明显的茶萃取物为着眼点，并将其含有量调整为普通茶的3～4倍。其350毫克中含有的茶萃取物与540毫克超级浓茶中所含有的茶抽出物等量。经过测试，如果每天饮用一瓶，持续3个月，体内的脂肪含量就会减少10%。因此，它的包装盒上不仅有"特定保健用食品",还有"高脂肪人群专用"这样的商标。尽管它的售价达到了350毫克180日元,比一般的绿茶饮料高出将近50%左右,可它的销售额还是在2003年的时候就达到了200亿日元,成为当年的畅销品。更重要的是,它提高了人们对健康绿茶饮料这样的特定健康食品的认识。

花王到底是经过了怎样的程序才开发出"露西亚绿茶"并且参与到以前从未曾涉足的饮料事业中的呢?要想回答这个问题,就必须回过头来看看清凉饮料的市场特征,特别是绿茶饮料市场在2000年以后的扩张。

绿茶战争

清凉饮料市场拥有"千,三"这样的特征。即每年所产生的1 000多种新产品中,只有三成左右能够生存下来。这是一个生存率很低的市场。

身处在清凉饮料市场中的绿茶饮料在2000年以后取得了很大程度的发展。2000年以前,绿茶饮料市场的领头羊是伊藤园的"欧亿绿茶"。2000年,随着麒麟公司"生茶"的上市,绿茶饮料市场取得了快速的发展。1990年,绿茶饮料的生产量只占清凉饮料市场总额的0.5%,而到2001年这个比重变为10%以上。绿茶饮料之所以发展这么快,有以下几点因素。第一,随着塑料瓶的普及,以前只在家里才能喝到的绿茶变为可携带品并能随时随地饮用。第二,绿茶系列所提倡的"无糖"概念与消费者的消费理念不谋而合。

从市场规模的推移来看,2003~2005年,茶饮料得到了显著的发展(见图2)。主要有两个因素导致这种变化的产生。

(亿日元)

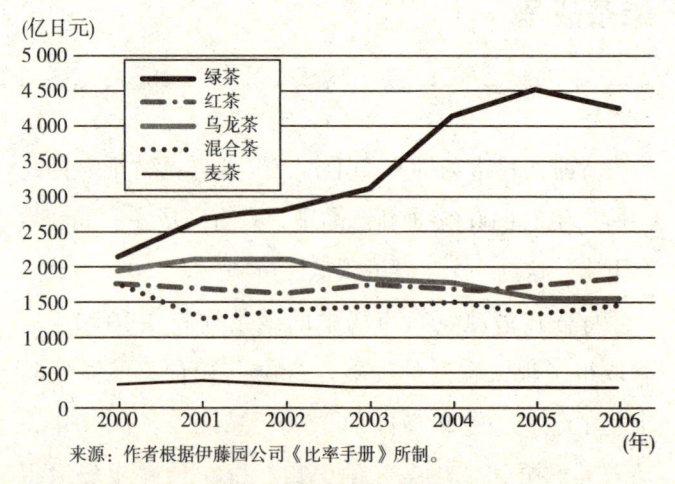

```
绿茶
红茶
乌龙茶
混合茶
麦茶
```

来源：作者根据伊藤园公司《比率手册》所制。

图2 茶系饮料的市场规模

第一，在2004年，没有占到绿茶市场很大份额的三得利推出了自己的新产品"伊右卫门"，该产品的强势登陆使得绿茶市场的竞争变得更加激烈了。

第二，2003年花王推出了自己的新产品"露西亚"绿茶。这款绿茶是经过科学证明具有"健康机能"价值观的新型绿茶。在此之前，含有维生素和氨基酸等添加成分的"妮娅水"也以健康为题，获得了很高的人气。由此可见，清凉饮料中也存在着对功能性的需求。但是"妮娅水"中含有的机能成分不仅没有明确的科学证明，而且在含有健康成分的同时它也含有大量的糖分。乍看上去似乎含有的糖分不是很多,但是人们在大量饮用"妮娅水"等产品后就有血糖值升高并患上"宝特瓶症候群"[①]的危险。

露西亚绿茶的发售,使得曾经饮用这些功能性饮料的消费者开始将目光转向无糖茶饮料特别是绿茶饮料。绿茶饮料市场在2000年只有2 000亿日元的市场,但是到了2004年它拥有了超过了4 000亿日元的市场规模,并拥有仅次于咖啡饮料和碳酸饮料的第三大市场规模。下一节中,根据对当时任健康事业开发部部长的迁明夫的采访,笔者将花王的露西亚绿茶的开发经过介绍给大家。

[①]宝特瓶以聚乙稀对笨二母酸酯为原料制成,俗称PET,于1977年取代铁罐、铝罐、玻璃罐等被用作饮料容器。宝特瓶症候群是指因饮用大量高糖浓度的清凉饮料,使血糖值上升而引发糖尿病的状况。

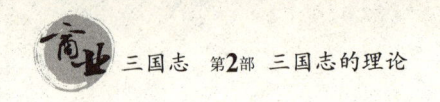

人们身体内部也存在着花王的保健产业

2004年4月开始,花王的健康事业开发部开始了以"健康机能为中心的饮料"新产品的开发工程。对于以洗涤剂和洗发水等日常用品为主业的花王来说,这是它初次对饮料市场进行的尝试。

尽管如此,花王公司还是以"健康"事业为出发点,在公司内部积累着健康食品开发的技术和经验。

以前,不管是花王品牌的沐浴液,还是强生品牌下的"可伶可俐"都是以身体外部健康为出发点进行生产的。但是,如果要真正地保持健康,就必须从身体内部开始护理。花王从20年以前就开始了有关营养和新陈代谢知识的积累。

以露西亚绿茶为先导而进行商品化的保健制品中,也包括"健康艾烤那·烹饪油"。1999年它取得了特定保健用食品的特许,并且以"不易产生脂肪"、"使用后血液中脂肪不易上升"为主题,在销售初期就取得了70亿日元的销售额,成为畅销品。

保健食品产业通过"健康艾烤那"的成功确立了自己在以日用品、化妆品为主导的花王公司的地位。

同时，他们强调在新产品的开发中必须遵循3点规则。第一，必须全部使用有安全担保的健康原料。第二，"不要求有新的摄取习惯"，换句话说，消费者在日常生活中就能很自然地饮用并摄取其中的成分。第三，取得特定保健用食品许可证。

这其中的每一项都成为在食品产业涉足未深的花王能够被消费者接受的理由。和特定保健用食品中的有效成分"健康艾烤那"相互配合的是另一种成分（由花王生物研究所经过筛选发现）。在该饮料工程中，也进行了含有同样成分的其他饮料的开发。并在研究所的测试中也发现了茶萃取物"儿茶素"[1]具有同样的抗脂肪堆积效果，并且被采用。因此，下一个新产品以"可以摄取日常饮用茶中的儿茶素"为主题并着手进行了开发。

尽管决定采用含有高浓度儿茶素的饮料，但是通常情况下，一次使用含有540毫克以上的儿茶素就会让舌头产生类似麻木的苦味。为了不产生不和谐的味道，他们开发了独家的抑制苦味的萃取、精制法。另外，新产品开发小组认为"茶系列饮料的爱好者中大部分对于味道而言都是门外汉"。因此，比起让他们觉得"美味"的产品而言，不如先从他们觉得"不讨

---

[1] 儿茶素，又称茶单宁、儿茶酚，是茶叶中黄烷醇类物质的总称，儿茶素是茶多酚中最重要的一种，约占茶多酚含量的75%~80%，也是茶的苦涩味的来源之一，具有抗氧化，消除自由基等保健作用。

厌"的产品入手比较好。

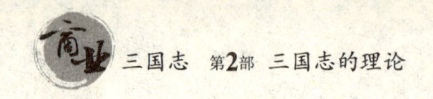

据说，开发小组当时并不只是把目光局限在"绿茶"上。为了追求无苦味和去除不协调感，他们甚至尝试和研究了咖啡等茶系列以外的选项。事实上，2003年3月获得特定保健用食品称号的花王品牌有两个——绿茶和乌龙茶。而且当初最先被列入发售计划的是"露西亚乌龙茶"。最后使得计划变更、绿茶得以发售的原因就是上面所提到的三个基本原则。当时绿茶的市场规模是乌龙茶市场规模的1.5倍，并且这个差距仍然在不断加大。从开发原则来讲，与"不需要新的摄取习惯"所对应的日常饮料不是乌龙茶，而是绿茶。

结果，2003年由于"露西亚绿茶"的上市，绿茶饮料的人气很大程度地得到了提高。另外，"露西亚绿茶"的发售也使得绿茶市场更加具有活力，并且产生了良性的循环。在此之后的2005年，绿茶市场整体都得到了持续性的发展。

三得利的健康食品项目组

在2000年以后，随着绿茶饮料市场的稳步成长，包括乌龙茶在内的其他系列茶饮料的市场规模都在逐年缩小。三得利通过自己的热门产品"三得利乌龙茶"（1981年12月发售），使得自己在乌龙茶市场上的市场占有率得以保持。

另一方面，随着"伊右卫门"的发售，三得利在绿茶饮料市场上也保持了很大的占有率。

在这种状况下，2002年4月，三得利在"健康"已经变为一个关键字这样的启发下，成立了自己的健康食品项目组。2003年12月，以健康饮料为目标的该项目组，在"经过科学验证对保持健康有明显作用，可以每日饮用"这样概念的指导下，展开了对特定健康用食品的研究和开发。仅有9名成员的该项目组在三得利健康科学研究所的连带提携下，制定了后来的"健康绿茶"、"黑乌龙茶"、"胡麻麦茶"等一系列健康茶饮料的创意。

简单回想一下当时的背景。2002年的特定健康用食品饮料大部分都具有抑制血压的功效。可尔必思的"阿米露S"、养乐多公司的"番爽麓茶"等畅销品都具有抑制血压的功效。但是，与抑制脂肪吸收有关的饮料市场并不存在。在这种情况下，三得利大胆踏入了对脂肪吸收有效果的饮料开发领域。作为乌龙茶领域先驱者，加上在此之前消费者对乌龙茶效果的感觉，使他们做出了"以最新的研究成果为基础，开发具有抑制脂肪吸收效果的特定保健用食品"这样的决定。

自从三得利的灌装乌龙茶在1981年开始发售以后，他们就在日本的大学和中国的医疗机构共同举行了对乌龙茶的效能和味道以及茶中所含有的抗酸化物质的研究。换句话说，从乌龙茶的脂肪吸收抑制机制得到临床试验和确认之前，三得利就对乌龙茶的效果和功能进行了反复的研究。

但是，因为"三得利乌龙茶"并不是特定健康用食品，在效果和效能方面都达不到对顾客的足够吸引。因此，公司内部普遍认为特定健康用食品的发售能再次激活乌龙茶市场。

露西亚和黑乌龙茶在概念上的迥异

"健康食品项目组"成立一年左右,花王品牌下同样和脂肪堆积有关并且包含了健身索赔在内的"露西亚绿茶"和"露西亚乌龙茶"获得了特定保健用食品称号。听到这个消息的三得利人都觉得自己"被耍了"。但是在经过了详细的调查之后发现,"露西亚"和三得利所开发的产品其实具有很大的差异。

第一,它们的原理是完全不一样的。"黑乌龙茶"的正式产品是"黑乌龙茶OTPP"。所谓的"OTPP"是乌龙茶重合的抗酸化物质(oolong tcapolymerlzecl polyphenols)的简称,是在茶叶的半发酵过程中所产生的成分。喝乌龙茶自古以来就给人们留下了"不容易胖"、"可以使油分流失"的印象。三得利在长年对乌龙茶和乌龙茶抗酸化物质的研究中取得了很大的突破,即依靠这种OTPP物质可以阻止小肠对脂肪的吸收并将其排出体外。另一方面,花王的"露西亚绿茶"是通过在血液中将要进入各个器官的中性脂肪消耗掉,以减少身体的脂肪。这和三得利的OTPP是完全不同的机制。

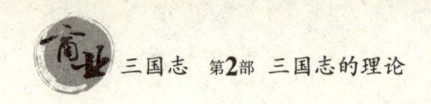

第二，这种机能机制的差异，也给"露西亚"和"黑乌龙"各自不同的概念带来了很大的影响。就"黑乌龙"来说，它是拥有规律的饮食习惯和明亮的世界观的商品。因此，克己的健康志向和自然的不同之处就成了它吸引顾客的一面。

如上所述，花王和三得利各自开发着自己和脂肪相关的健康饮料"露西亚绿茶"和"黑乌龙茶"，在这背后他们有着不同的目的："儿茶素成分能使得身体内部的健康得以实现"或者"脂肪吸收抑制作用的原理——乌龙茶的科学机能"。可以确认的是，它们不约而同先后申请的"黑乌龙茶"和"露西亚绿茶"对顾客的吸引的着力点完全不同。另外，作为稍后推出产品一方的三得利根据消费者的反应做出了自己的判断，继续进行三得利的开发，2004年3月"黑乌龙茶"终于取得了特许保健用食品的称号。

另一方面，对于花王来说，成为超级流行商品的"露西亚绿茶"引起了预想不到的市场反应。本文的后半部分针对"露西亚绿茶"所产生的新的市场环境，特别是中年男性这样新的目标群体以及便利店这样新的销售网展开叙述。这种销售方式的确立也给之后进行健康茶饮料销售的各个公司带来很大的影响。

为什么选择30岁以上的人群和便利店

"露西亚绿茶"的营销之所以吸引了很多人的目光是因为以下几点。第一，花王将目标消费者限定为中年。第二，选定便利店作为试营点。在清凉饮料这样的大型商品中，敢这样大胆地对目标消费者和代理店进行限制的商家是很少的。这个决定就使得"露西亚绿茶"必须遵从几个特有的制约条件。

根据当时的保健事业开发部长迁明夫所说，首先，作为一般条件来说，花王的新产品最初就是在构建一个强有力的品牌，即不是为了成为一时之流行，而是必须"在消费者的支持下变成永久不衰的流行品"。这个要素在"露西亚绿茶"的生产中也不例外。对以成为永久不衰的流行品为目标的花王来说，竞争日益激烈的清凉饮料市场已经是一个极其困难的竞争场所了。

进一步说，日常用品和化妆品等大多数商品在购买之后都可以使用超过一个月的时间。而在像清凉饮料这样的快速消费品方面，花王是没有任何销售经验的。如果将这种商品的大规模生产委托给外部，那么

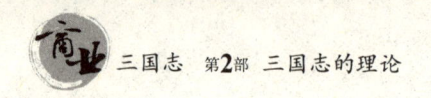

这对于花王的品质管理来说是一个很大的挑战。

"露西亚绿茶"所倡导的营销方式和一般的营销方式有三点不同。第一，一般饮料以"止渴"和"嗜好"为卖点，而它则是以健康机能为卖点进行销售的。第二，作为清凉饮料界的常识，在形成规则化之前是绝对不能参与到形象、促销和价格的竞争中去的。第三，为了掩饰经验的不足，比起扩张销路来说，更重要的是实绩和经验的积累以及提高。以上就是花王对于清凉饮料市场的分析。同样这就是花王之所以限定目标消费者和代理店的理由。

"露西亚绿茶"的目标被限定为"BMI指数[①]25以上、30岁以上的男女"。BMI指数25以上就被认定为肥胖。以前只要是针对肥胖的食品、饮料都是以年轻女性为目标的，"露西亚绿茶"也一样，在发售前所进行的调查中，年轻女性对该产品的支持率有压倒性的优势。如果只想成为一时的流行商品，可能以年轻女性为目标会在贩卖之初取得很大的销售成绩。但是将年轻女性容易对商品产生腻烦这种现象考虑在内，如果要想成为永久的流行品，那么它的销售目标就应该将年轻女性排除在外。

同时，"露西亚绿茶"选择便利店作为最初的代

---

①BMI，身体质量指数，是衡量是否肥胖和标准体重的重要指标，世界卫生组织认为BMI指数保持在22左右是比较理想的。

理点是因为：当时作为包装用的350毫克的PET瓶子有7成以上都是在便利店进行销售的。所以，最初选择关东申信越地区一都九县的便利店作为代理点进行销售。之后，才将销售网点扩大到全国的便利店。将贩卖限定在便利店中，主要是因为公司内部的两点原因。第一，作为原料的儿茶素的供给量不是特别充分，很难一次性将销路扩张。第二，对于在饮料业务方面没有任何经验的花王来说，万一有了品质上的问题，在销售限定的情况下也比较容易管理。

以便利店为代理点进行销售，对在制品供给和流通方面有制约的花王来说是不得不采用的方法。而对于现在的人们来说，有了这样的制约，在限定的代理店销售反而更让消费者体验到它的神秘之处。

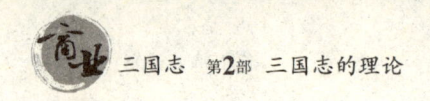

意外的反应

因为是花王，所以可以选择，同样又没有其他选项。他们所实行的营销手段为他们带来了意想不到的收获。换句话说，从便利店和媒体处传来了花王自身都没有预料到的巨大反响。

首先，各个便利连锁店为露西亚的发售专门举行了陈列、展示，并以花王都没有预料到的超大规模举行。通常在便利店中一个产品只拥有一个展位。而最初的花王成功地拥有了3个展位。花王在不断地介绍露西亚商品的同时，在便利店入口处的6层架子上摆满了该商品，并且将自己亲手制成的卖点广告页提供给了便利店。结果，商品的认知和理解被迅速地渗透到了消费者中。根据花王的调查显示：从电视上知道该产品的人仅占全体的三成不到，而看到店铺的大量陈列从而了解该产品的人占全体的六成以上。

能够在便利店实行大规模的商品陈列，是因为当时的各个便利店都抱有切实的需要。比如：对于24小时便利店来说，当时63%的顾客都是男性，而且其中30岁以上的男性占到半数以上。换句话说，便利店的主要顾客就是中年男性，但是明确面向他们的商品却很少。在这种状况下，各个便利店的饮料买手们都在寻找一个有新生价值的商品。这个时候，在便利店限定销售并且在电视商业广告上投入的用健康机能来吸引顾客的"露西亚"就成了他们的目标。

在便利店，每周销售量达不到30瓶的饮料将会被下架。起初花王还在设想怎样才能维持每周30瓶以上的销售量。但是，现实情况是，以销售30瓶为目的的它瞬间就成为大热的商品，其销售量一跃成为了无糖茶饮料排行榜之首。

同时，各个媒体公司也开始争相报道儿茶素的健康机能，媒体在人们认识露西亚绿茶的过程中发挥了重要的作用。露西亚绿茶发售以后，取得了花王预想不到的好反响。电视、新闻、杂志、收音机各个媒体都对儿茶素健康机能进行了宣传。

之前，和体脂肪有关的文章都是以年轻女性为对象的、与美容节食有关的内容。突破口相似的商品比比皆是。各个媒体都在寻找和健康有关的新突破口。在这样的一个时期，以中年男性为目标，对体脂肪递减有效果的"露西亚绿茶"出现了。许多媒体都想从这里面挖掘有价值的情报。经常加班并且饮食极不规律的记者们正好就是露西亚绿茶的目标消费者。据说，在当时的杂志社和报社里，经常可看到一只手拿着露西亚一只手在写与露西亚有关报道的记者的身影。花王自身可以直接参与的内容只限于特定保健用食品的广告范围内。而媒体们却能在短期内集中地将花王具有高浓度儿茶素功效的事实传达给消费者。

露西亚绿茶发售时，花王敢于将关注美容、节食的年轻女性排除在外，而将"BMI指数25以上并且超过30岁的男女作为目标顾客"，以及选择仅在"便利店"销售的策略反而给便利店、媒体以及记者们带来了新的话题。但是，据说当时的花王并没有将这些全盘考虑进去。这样的选项是在要成为长期流行品，在儿茶素的资源供应不足以及在饮料商业方面经验不足的条件下的无奈之举。

2003年创下470万罐销售纪录的这个事实，充分说明了花王"露西亚绿茶"将中年男性作为新目标以及将便利店作为代理店的正确性。2003年秋天，伊藤园的"节食专用"（180日元），日本的"一休茶屋→儿茶素600茶"（150日元）等各个饮料制造公司都依次发售了具有类似概念的绿茶饮料。这些露西亚绿茶的追随品，都是采用350毫克的PET瓶子作为容器，并含有大量的儿茶素。因为特定保健用食品称号的获取是需要很多年时间的，因此就出现了"节食"或者"儿茶素"这样的商品名来代替它。这些是同样以健康机能为卖点的商品。"露西亚绿茶"和追随它的健康茶饮料从此就在店铺中占有自己的一席之地了。这个时候，和花王的露西亚拥有不一样的市场领域的三得利"黑乌龙茶"也开始进入市场。

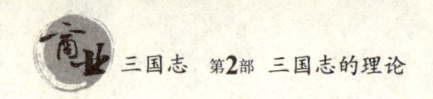

饮料厂家明明是想做出比较可口的饮料，结果却……

三得利的"黑乌龙茶"在2006年5月16日开始了全国范围内的发售。它和露西亚一样采用350毫升的PET瓶子作为包装，并且同样将30~50岁关注健康的中年男性作为目标消费者。在超市中，它和露西亚一起并排陈列着，价格被设定在比露西亚还便宜20日元的160日元。

开始的预定年销售量为200万箱，但是发售后的销路非常好，比当初的预计增长很多。6月的时候销售量达到了350万箱，到9月中旬销售量达到550万箱，于是他们不得不两次修改了销售计划。最终的年销售量达到了620万箱。在第二年，它以年销量突破1 000万箱而成为畅销品。

三得利的"黑乌龙茶"之所以能够超过露西亚绿茶而成为创纪录的畅销品，理由之一是：不仅效能方面得到了特定健康用食品的确认，更是实现了在"方便饮用"、"口感很好"方面的突破。

抗酸化物质(OTPP)能抑制饭后血液里中性脂肪的增加，"黑乌龙茶"就是根据乌龙茶中的抗酸化物质的这种效果设计而来，并取得特定保健用食品许可的。也就是说，OTPP本身就是通常的"三得利乌龙茶"中所含有的健康成分。而"黑乌龙茶"的设计以350毫克为单位饮用，就能使它的效果成分发挥出来。另一方面，抑制乌龙茶的苦味并研制出能够使消费者满意的口味成为当时"黑乌龙茶"开发的重要课题。它最终的口味是在发售前半年商品设计的再度改良中确定的。三得利经过了不懈的努力，在2004年3月，它以"黑乌龙茶"为名进行了初次申请，并于2005年10月获得了特定保健用食品的许可。这种产品最初所使用的是包括140毫克OTPP重量在内的500毫升包装容器，但是在之后商品设计的再次研究中改变了容量和口道。

当时的"黑乌龙茶"的口味仍然不是很好。即使在公司内部，都有"除去进餐的时候就无法饮用"这样的评价。最初的黑乌龙茶虽然也希望以健康机能为卖点，但是到了2005年的时候，花王的"露西亚绿茶"已经确定了自己在这个市场的地位。因此针对"露西亚绿茶"太苦了这种情况，三得利做出了"必须改进"的判断。

另外，当初的"黑乌龙茶"采用500毫升的PET瓶子作为包装，并且该设计很快取得了支配市场的地位。

取得特定保健用食品的许可后，即使只是容量和口味有些许变化也必须要重新进行申请。但是，三得利将容器变为350毫升、重新审视了茶叶配方的平衡，并且在增加乌龙茶所含有的抗酸化物质程度等基础上下工夫。终于，在2006年2月，它再次取得特定保健用食品许可。这次推出的产品完成了"易于饮用"的转变。在调查中有大约七成以上的消费者表示"口感很好"。

如果要说"黑乌龙茶"成为畅销品的理由，那就不能忽视"露西亚绿茶"的带头作用。更进一步说，500毫升的PET瓶子是以前"三得利乌龙茶"的主打包装型号，如果不将容器变更，在便利店中就有可能使它和先前的产品没有明显区分，这样就会有让自家的两个品牌互相侵蚀的危险。

三得利以此前积蓄的研究开发为基础，以"露西亚绿茶"为依据，顺利地进行了自己的轨道修正，从而使得"黑乌龙茶"成为畅销品。另外，黑乌龙茶成为畅销品也和它的健康机能或者科学证明有关。因为它的健康机能众所周知，所以再向消费者宣传乌龙茶的功效是不需要什么时间的。另外，作为能使饮用成为享受并且拥有光明的、积极的世界观的健康饮料，它和别的健康饮料之间的差异也成了很重要的关键点。

浓的、涩的——对绿茶市场的影响

露西亚绿茶成为畅销品的同时，也使得绿茶饮料市场的竞争轴发生了变化。首先，在露西亚绿茶发售以后的2003年，绿茶饮料市场得到了很大程度的延伸。这其中的一个重要因素就是："涩"和"健康"已经成为绿茶饮料的新卖点了。"露西亚绿茶"发售以后的饮料市场中，比一般绿茶更"涩"的口味和对绿茶中所含有的健康成分"儿茶素"的追求成为了新的竞争轴心。

以前的绿茶饮料，都是以抑制其"苦味"和"涩味"为前提而开发出来的。但是，"露西亚绿茶"的追随者中有很多人对它独特的"涩味"评价很高。最早发现消费者有这种嗜好的是占有绿茶饮料市场最大份额的伊藤园。以对茶叶的处理为起点开始自己事业的伊藤园，不仅仅是绿茶饮料市场的开拓者，更是绿茶真正香味的追求者。它在提升绿茶饮料的价值以及市场扩展方面做出了重要的贡献。

伊藤园早在花王的"露西亚绿茶"发行后的2003年1月，就推出了季节限定浓口味绿茶"喂，茶—冬绿茶"。在"冬绿茶"发售后进行的市场调查中，有七成以上的人回答"不仅仅在冬天，平常也想喝"、"想喝到拥有家沏绿茶一样涩味的绿茶"。于是2004年5月"喂，茶—浓口味"开始发售了。这是用500毫升的PET瓶所包装的、含有400毫克儿茶素的超级浓茶。它的价格也被定在和普通绿茶相同的价位——140日元。2005年的"喂，茶—浓口味"以1 400万箱的销售量成为畅销品。第二年即2006年，朝日饮料、三得利、麒麟的大型公司都推出了自己的主力品牌"浓"口味的产品，并以此来吸引顾客。

根据伊藤园商品企划本部的志田光正氏所说，这些"浓"口味绿茶饮料的购买者主要是中高年龄层的消费者，他们对涩这样的"美味"有很高的评价。原本，据说在"冬绿茶"开发初期，公司内部就有人提出了这样的质疑："那么涩的口味到底会不会被消费者所接受呢？"，"由于涩才产生的美味"确实是一种很复杂的味道。而使这个变为现实的不是综合饮料制造商，而是像伊藤园这样在茶的味道方面有特色的小茶屋。"喂，茶—浓口味"中没有添加儿茶素，而是实现了自然抽出的"涩"和"浓"。它在新的竞争轴心"涩"味的产生以及绿茶饮料市场的扩大等方面做出了巨大的贡献。

随着"露西亚绿茶"的销售和各媒体的报道,"儿茶素"的脂肪递减机能开始受到关注。500毫升PET包装的绿茶饮料中加入健康成分儿茶素的饮料也陆续开始销售了。比如,2004年1月三得利所发售的机能绿茶饮料"健康儿茶素武"在3月就取得了年度目标2倍的销售额——600万箱,还有可口可乐集团在2004年3月所推出的绿茶饮料"麻吕茶—茶叶的成功",它用"含有300毫克的儿茶素"这样醒目的商标来展示自己的健康感。

但是,"露西亚绿茶"成为畅销品所带来的并不只有茶饮料的味道比以前更浓和儿茶素的健康效果这样新的竞争轴心,它同样带来了新的环境的变化。以"黑乌龙茶"为首的绿茶以外的健康茶饮料开始和绿茶饮料争夺市场,并形成了以获取特定保健用食品称号为品牌的"健康茶饮料"这样新的竞争市场。2006年,到此之前一直持续增长的绿茶市场首次出现了销售量下跌的情况——同比下降了5.8%。另一方面,矿泉水的市场却得到了很大程度的发展。当年的矿泉水销售量达到了2 353 440吨(进口和国产的总和),同比上涨28.3%,基本上可以和绿茶饮料市场的2 481 100

吨相匹敌了。这样的情况是由于"健康茶饮料"新市场的形成所导致的。绿茶饮料的健康价值相对较弱,健康形象已经不再是绿茶的专利了。消费者认为:绿茶如果不寻找"止渴"、"无糖"以外的新卖点,那么它很有可能将被矿泉水所取代。这种新的市场领域的形成,是以前市场领域的意义变化以及它外部(别的市场领域)的代替性和补全性的变化所引起的。

后发售为什么会有利

2008年3月，伊藤园取得了特定保健用食品许可，并开始了"原味儿茶素绿茶"的销售。"儿茶素绿茶"具有使血液中胆固醇值下降的作用。它是第一个明确表示对胆固醇值的下降有作用的健康茶饮料。

根据"儿茶素绿茶"商品开发企划部的高桥修一介绍，伊藤园的中央研究所早在20多年以前就开始了对茶中健康成分的研究了。经过长年的研究，他们很早就注意到绿茶的儿茶素对于胆固醇的下降有作用。但是，当时很少有人对胆固醇感兴趣，从它的营销部也传来了为时过早的呼声。作为该公司针对特定保健用食品绿茶饮料开发项目的"儿茶素绿茶"是在2000年以后才确立的。

到此为止的很长一段时间里，举行了很多和健康茶有关的活动。但是伊藤园在对特定保健用的健康机能的追求方面表现得不是很积极。这其中最大的理由是像"露西亚绿茶"一样，给茶里添加健康成分从而达到对机能性的追求的绿茶变得越来越多。但这违背了伊藤园所追求的"自然"和"真实"的基本理论。更进一步说，对于拥有年8 300万箱销售量的"喂，茶"品牌的伊藤园来说，年销售量仅几百万箱的健康茶市场的魅力并不是很大。但是，花王的"露西亚绿茶"抢占了先机以后，在很大程度上刺激了伊藤园，并使得最早研究绿茶健康机能的伊藤园开始奋起直追。

花费了7年时间进行开发的"儿茶素绿茶"对于清凉饮料来说是一个特例。在这期间，伊藤园进行了对容器型号和口味的变更。"儿茶素绿茶"最初是用250毫升的纸包装。但是市场上流通的健康茶饮料的包装基本都是350毫升的PET瓶子，为了配合健康茶饮料的卖场，他们最终也决定将包装容器变为350毫升的容器。另外，作为伊藤园绿茶饮料的代表作"喂，茶"，形成的品质理念为"自然风格的美味"。为了不使含有高浓度儿茶素的"儿茶素绿茶"特有的强烈涩味破坏"喂，茶"所营造出来的名声，他们投入了很大的工夫和时间。在经过数百次实验以后，终于在2007年完成了被称为"拥有伊藤园形象"的健康绿茶的开发，即"儿茶素绿茶"。伊藤园在特定保健用食品的竞争领域中起步要比别的商家晚很多，但是，这对于"儿茶素绿茶"来说并不一定就是坏事。第一，"露西亚绿茶"和"黑乌龙茶"已经获得了世人的关注。在便利店中虽然被摆放在二等展位上,但是能和这些商品一起陈列,使得消费者能够很快对"儿茶素绿茶"有全面的了解。第二,"儿茶素绿茶"面世以后,特定健诊和特定保健指导成为义务的新制度,使得以"对胆固醇有降低作用"为卖点的"儿茶素绿茶"成为一股很强的风潮。

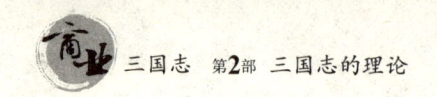

本章小结——对预想不到的事物的反应能力

本稿以取得特定保健用食品许可的健康饮料以及它所形成的新的市场领域为着眼点。最后，通过对复杂繁琐的竞争的研究，指出了在营销的过程中的两个基本问题。

第一，仅有企业行为的市场是不存在的，企业之间的相互竞争和相互行为可以使市场的轮廓显现出来并得以扩大。通常我们所说的"市场"和"竞争"是有其既定界限的，也容易给人留下在被限定的范围进行竞争的印象。但是，对"露西亚绿茶"和"黑乌龙茶"这样的产品的开发，不是因为有预先已经形成的市场，而是因为花王和三得利各自所积累的资源和企业的固有理念。比如，就三得利来说，由于"黑乌龙茶"投入市场使得绿茶饮料的人气大不如前，并使得乌龙茶的市场空前活跃。另一方面，花王"露西亚绿茶"研制的出发点是利用以化学手段萃取的成分"儿茶素"的价值，并使"健康（保健）"成为现实。

这样，健康茶市场的产生和发展是各个企业的不同理论，以及在不同理论的指导下相互作用所形成的。2006年5月27日，花王的新产品"露西亚水"开始发售。它是一种含有540毫克儿茶素，并配有"易消耗脂肪"这样的健康索赔商标的运动饮料。清凉饮料制造商通常不会让运动饮料和绿茶这两个完全不相关的种类使用一个品牌。但是，对于花王来说，重要的是将"儿茶素"这样的原材料最大化地加以利用。因此，才在同一个"露西亚"品牌下实行了对儿茶素饮料的扩张。这样，由于各个公司市场观的不同，使得绿茶饮料、健康茶饮料以及运动饮料开始了跨种类的竞争。

　　第二，给这样的市场带来动力，并且在企业投入战略性产品的时候，对市场调查的结果做出准确判断是很重要的。不管是"露西亚绿茶"还是"黑乌龙茶"都不是根据突发奇想的思维而生产的，它们都是以各个企业长期积累的技术为背景而开发出来的。这样，构成市场的各个企业都拥有了自己独特的理论，并在此基础上生产出了各自的产品。但是，"露西亚绿茶"的营销让便利店和媒体产生了这样的共鸣：一个商品能不能被市场所接受，取决于以消费者为中心的包括流通业和媒体在内的众多方面的态度。虽然企

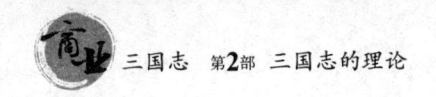

业不可能在事前就了解外部所有反应，但是总会有一些征兆。能否很好地利用这些征兆从而做出判断对于企业来说是非常重要的。

在"黑乌龙茶"和"儿茶素茶"的开发过程中，开发小组根据已经投入市场的"露西亚绿茶"所采用的350毫升的包装以及它所形成的市场领域，都对各自的产品进行了灵活的变更。在新制品的导入过程中，不仅要沿着自己公司的固有方向，还必须根据市场的潮流作出必要的变化。但是，这并不是简单的追随，而是将很小的潮流加以利用，在使自己的健康茶饮料成为畅销品的同时，产生对自己公司有利的新潮流（比如，能够使自己公司占有最大市场率的乌龙茶或者绿茶饮料的健康价值得以扩大）。然后，这种战略行为的连锁反应也会给其他公司的行为造成影响，更进一步说，它将会成为市场变化的源泉。

所以，市场中不仅仅存在着能用眼睛看见的各个商品之间的竞争，也存在着企业间的隐性竞争和相互影响。具有敏锐的洞察力，及时把握影响竞争规则的市场主流变化，以及根据不可逆转的变化来作出判断并修改战略，这是尤其重要的。

●采访名单

花王株式会社：礼物行销中心、中心集迁明夫氏，关注美丽事业单位、高价·关注发型事业组、发型化妆组、发型化妆品东口晃子氏，2008年7月12日。

三得利株式会社：食品公司、食品事业部、健康饮料部、科长 清水隆德氏，2008年8月26日。

伊藤园株式会社：商品企画本部、商品企画1部1课主任 志田光正氏，商品企画部2部、第1课长 高桥修一氏，特贩一部 特贩2课主任 田中达也氏，2008年9月19日。

第2章

婴儿用纸尿布

尤妮佳
VS
花王
VS
宝洁

西川英彦　教授　经营学部　立命馆大学

从30年前宝洁的"帮宝适"婴儿纸尿布进入日本市场开始，纸尿布市场第一占有率的宝座几次易主。但是自从进入20世纪90年代，尤妮佳开始成为市场的霸主，在市场愈发成熟之时，尤妮佳、花王、宝洁3家公司之间又会发生什么呢？

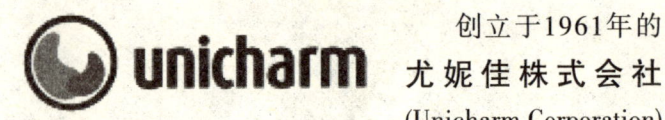

创立于1961年的**尤妮佳株式会社**(Unicharm Corporation)是在无纺布和吸收体材料成型及加工领域处于领先地位的跨国集团公司。它的经营范围包括婴儿用品、妇女用品、成人护理用品、日用清洁用品、宠物用品五大支柱事业，同时还涉及幼儿教育、建材等广泛领域。在中国的注册品牌包括：苏菲，妈咪宝贝，乐互宜，舒蔻。

花王株式会社成立于1887年，前身是西洋杂货店"长濑商店"（花王石硷），主要销售美国产化妆香皂以及日本国产香皂和进口文具等。目前花王产品涉及化妆品等600多种，大多是高分子化学品。

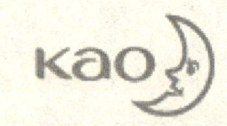

宝洁公司（Procter & Gamble），简称P&G，是一家美国消费日用品生产商，也是目前全球最大的日用品公司之一。2008年，宝洁公司是世界市值第6大公司，世界利润第14大公司。他同时是财富500强中第十大最受赞誉的公司。帮宝适是美国宝洁公司的著名婴儿卫生系列产品。

序论——直到拥有压倒性的市场占有率

现在，在日本拥有1 500亿日元规模的婴儿用纸尿布市场，是以大约30年前宝洁登陆日本为契机出现的。这之后，作为日本制造商的尤妮佳和花王也参与到其中。正像三国志所表述的那样，三个公司展开了激烈的竞争。市场第一占有率的位置发生了好几次变化，该市场也慢慢地得到了成长(见图1、图2)。其中，作为专业制造商的尤妮佳击败了以日用杂货综合制造称雄的宝洁和花王，并取得了压倒性的市场占有率优势。在这种状况下，婴儿用纸尿布迎来了它的成熟期——建立了20世纪90年代以后的市场格局。究竟，在婴儿用纸尿布的市场中，有着怎样的三国竞争史呢？让我们回顾一下，当时的各个公司究竟是采取了怎样的竞争过程，才形成了今天这样的局面。

首先，我们来确认一下婴儿用纸尿布的产品特征和从进入市场开始到成长期的经过。然后再从各个公司的内部视角来看成熟期以后的竞争过程。最后，作为总结，我们来看一看这样的竞争带给我们怎样的经验和教训。

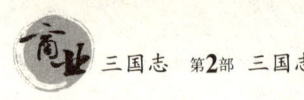

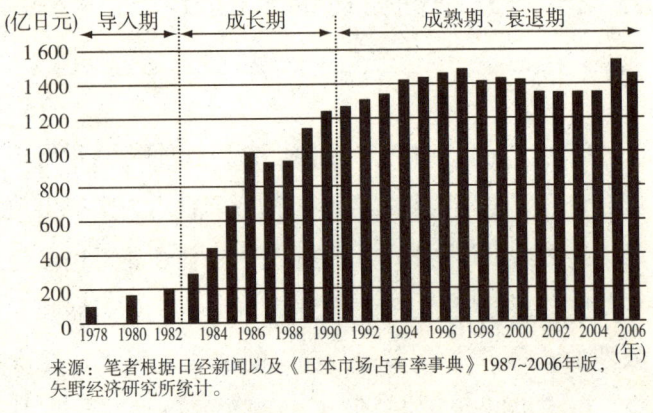

来源：笔者根据日经新闻以及《日本市场占有率事典》1987~2006年版，矢野经济研究所统计。

图1 预测的婴儿用纸尿布的市场规模（以出货量为基础）

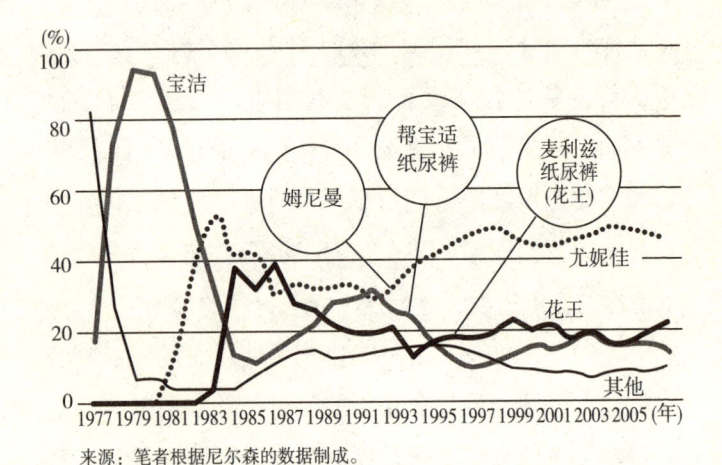

来源：笔者根据尼尔森的数据制成。

图2 婴儿用纸的市场占有率(以店铺销售额为基础)

纸带和内裤——婴儿用纸尿布的产品特性

经过整理发现，婴儿用纸尿裤的特征有以下三点。第一，使用期为婴幼儿期间的2~3年，消费群体不停地在交替。第二，尽管使用期限很短，但是在使用期间一个月至少必须进行2次购买，其购买频率很高。第三，竞争日趋激烈。在该市场中只要有更加容易使用或者更加便宜的品牌上市，消费者就改变自己所购买的品牌。

婴儿纸尿布的设计分为两大类，即"纸带型"与"内裤型"。"纸带型"是指一个扩大了的平面状的东西，从侧面看起来就像是一条纸带，它是能将整个屁股都包起来的纸型尿裤。那是针对从出生到3个月左右的"新生儿期"、4~6个月左右的"受乳期"以及7个月到一岁之间、一岁左右开始学习走路的婴儿所设计的。

另一方面，"内裤型"的纸尿裤是拥有和内裤一样形状的纸尿裤。当孩子处于能动的时期和开始学走路的时候，纸尿布的更换是一件非常辛苦的事情。这个时候的"内裤型"纸尿布就可以作为主要的纸尿布发挥作用了。"内裤型"的纸尿裤是20世纪90年代以后非常具有影响力的一个设计。根据尤妮佳的调查显示：2000年它占该市场全体消费的51%，而到了2005年这一比率上涨到了63%。

到成熟期为止的竞争

先来确认从婴儿用纸尿裤的市场导入期开始到成熟期的竞争。这个时期的竞争是以刚才所提到的"纸带型"为中心进行的。

在1977年,已经在美国展开纸带纸尿裤事业的宝洁开始在日本进行其"帮宝适"纸尿裤的发售,开拓并独占了日本的纸尿裤市场。在这之前,以尤妮佳为首的各个企业也曾尝试用"莱依娜型"(粘在屁股上的座垫型纸尿裤)等纸尿裤来构建市场,但是都没能成功。尤妮佳在1969年曾进行了布纸尿布的发售,但是由于当时市场的不成熟,仅仅3年间该产品就退出了市场。当时,使用纸尿裤被认为是"自私、不负责任的行为"。

之后,日本的企业也参与到宝洁所创造的这个市场中来。首先,在1981年,尤妮佳将自己新产品"姆尼曼"推出市场。那是一种立体裁定的类似于内裤形状的产品。它采用的是一种适合婴儿身体的,在股部带有伸缩性很高的褶皱的构造。

在1982年,"姆尼曼"采用了"高分子吸收聚合物"，使得自己产品的吸水性和保水性得到了很大程度的提高。所谓的高分子吸收聚合物由基于聚合物嫁接到淀粉分子主链上的树脂构成，这种结构能够防止尿液的渗漏，对皮肤有更好的保护作用。它的吸收力是脱脂棉和海绵的2倍以上。这种以高分子吸收聚合物为基础的将吸水力很大程度提高了的产品一经上市就引起一股很强的潮流，在1983年，尤妮佳取代了宝洁成为该市场的领头羊。

在接下来的1983年，花王在高分子吸水聚合物的基础上，也首次采用了通气性强的材料，制成了"麦利兹"并推向市场。这种技术是公司内部开发和设计的，最先应用于品质要求不是那么严格的生理用品"乐而雅"产品上。因此，在1985年的时候花王也超越了宝洁，它用高分子吸收聚合物，将日本企业的优势发挥了出来。事实上，这种高分子吸水聚合物正是纸尿裤初期市场上竞争的关键因素。

这样，先后采用高分子聚合物的尤妮佳和花王在与曾经独霸市场的宝洁的竞争中慢慢占据优势。在谁都没有预料到的竞争形势下，市场整体也得到了发展。随着参与竞争的企业的增加，市场的扩大得以持续。在1986年，资生堂以新产品"乒乓短裤"的推出为契机，也参与到这个市场的竞争中来。与此同时，花王和尤妮佳先后推出了自己的低价格商品与资生堂进行竞争，相对来说价格比较高的资生堂陷入苦战之中。这件事成为纸尿裤市场上激烈价格竞争的开端，并且各个公司的收益都在持续恶化。

随着各个公司之间竞争的激烈化，纸带型纸尿裤的改良和低价格化仍在持续。最初只在外出时才被利用的纸尿裤，从1984年开始被应用到夜间，从1986年开始被应用到白天。1990年的时候，婴儿用纸尿裤的市场规模达到了大约1 200亿日元。这对于形成仅仅10年时间的全新市场来说算是一个很快的增长速度了。从一天之中尿布的更换次数显示，纸尿裤的更换率达到了60%。但是，这个数值已经停滞了很长一段时间了，业界中有"纸尿裤的市场已经接近成熟"这样的说法（当时的尤妮佳总经理小田民雄）。

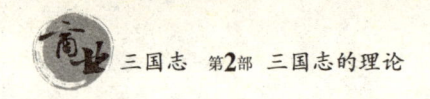

纸尿布的市场、入口处的激战、出口的发现

出口——尿布在末期市场的竞争

此后，尤妮佳继续寻找和创造新的市场，并开始了"姆尼·训练裤"的生产。这种内裤是为了训练婴儿摆脱尿布所设计的。现有的训练裤是用防水性的布料制成的，可以让孩子感受到小便的泄露，从而达到离开尿布的目的。确实，妈妈们都希望孩子能尽快脱离纸尿布，对用内裤相似的布料制成的训练裤有很强烈的需求。但是，布制的训练裤的泄漏问题很严重，也引起了母亲们的强烈不满。

因此，新设计的内裤型训练裤在具有一滴小便也不会渗漏的吸水性的同时，也可以使婴儿产生和普通内裤一样的感觉，一次性使用的简单程序也获得了很高的市场评价。在这个新市场中，尤妮佳得到了很高的回应。小田董事说："训练裤开拓了一个和纸尿裤完全不同的市场领域，这个市场现在有多大还不是很清楚，但是可以确定这是一个很大的市场。很期待作为纸尿布之后的战略产品的发售。"这就是纸尿布的末期，即"出口"市场的位置，是一个现有的纸尿布无法达到的市场。

接着，在1991年，尤妮佳推出了针对夜尿症的纸尿裤"姆尼·晚安"。这是一个针对到目前为止还不存在的全新市场的商品。即使脱离了纸尿裤，也有很多的孩子患有夜尿症，这种产品就是针对这种需求设计的。为了不使孩子们对"晚安"产生厌恶，设计者们采用了看上去并不像纸尿裤的内裤，作为外形设计。它是一种只要晚上穿上后，就不用担心渗漏，可以放心使用的产品。

这种设计正是20世纪90年代以后的纸尿裤市场上竞争的关键。尤妮佳为内裤型设计进行资源积累，并在随后享受到了作为先行者的利益。但是，在这段时间里他们在对"出口"市场进行投资的同时，并没有忘记对其他市场的投资。

一方面，花王和宝洁将现有的纸带型制品瞄准了3个月大小的新生儿市场。换句话说，就是纸尿布的"入口"处的市场。在与尤妮佳展开激烈竞争的同时，对于"入口"处的新市场他们保持静观状态。但是，实际上，两个公司都暗地里开始了对内裤型纸尿裤的开发。花王的研究所早在1988年就开始对内裤型

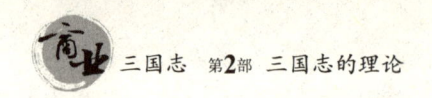

的纸尿布基础技术进行开发。但是也有人对训练裤这个规模有限的市场持怀疑态度。另一方面，宝洁的研究责任人觉得早晚都会有采用纸尿布的可能性，因此也开始了对内裤型基础技术的开发。

在经历了纸尿布的内裤型竞争之后，花王和宝洁都开始了对"出口"市场的追求。1998年的时候，花王的"麦利兹孩子·夜尿症尿布"、1999年的"麦利兹孩子·训练裤"以及宝洁2000年的"帮宝适夜用裤"、2006年的"帮宝适末期裤"开始先后进入市场。

入口——面向新生儿的竞争

回到"入口"市场的竞争这个话题。尤妮佳在1990年2月推出了自己的新产品"超级姆尼新生儿用"。同年12月通过对有防止侧漏效果的材料的使用，使它的通气性和肌肤触感都提高了。1988年开始，该公司开始发售面向病产院和新生儿用的纸尿布。这次的纸尿布更加适合新生儿使用。

花王在1991年10月也开始了"新麦利兹新生儿用"的销售。该公司认识到必须抓住初次使用的顾客。因此不仅仅是在产品的发售上，他们在其他方面也进行着积极的宣传活动。比如，制作面向病产院的录像、在病产院里处理产品等。

另一方面，作为在病产院这条道路上的先驱者的宝洁，在1991年秋天发售了"帮宝适"的改良型，发售了包括"新生儿期用"在内的4个发育阶段的各自产品。新生儿期用既有良好的吸水性，又有防止压力的垫衬，为了让妈妈们更好地掌握更换尿布的时间，它背面的本体采用了透明的设计。

随着市场迎来安定期，各个公司开始争相推出自己的新产品，虽然新生儿市场在1991年只是三个公司在纸带型尿布的市场"入口"处竞争的小市场，而同时尤妮佳也在为创造市场"出口"积累力量。

摇摇晃晃时期的市场竞争——内裤型

尤妮佳——潜在需求"目前"的发现

尤妮佳也一直在研究内裤型的技术是否能应用到其他产品中去。该公司对出生一周岁左右的男婴儿进行了家庭访问，通过对尿布更换过程的观察，他们发现"易换尿布"已经成为市场的需求了。通过观察他们发现，如果为了更换尿布而强行放倒孩子会使他们放声大哭。同时，也会迫使年轻的母亲们用哭笑不得的表情训斥孩子，更换的过程也太繁琐。另外，如果外出时没有更换尿布的合适场地，事情会变得更加复杂。因此，现在的尿布在追求免去婴儿的不舒服感的同时，还必须将母亲们的不满考虑进去。因此，他们发现在更换程序上仍然有着很大的潜在需求。

因此，就急需一种不必让孩子躺下，站着也能穿的内裤型纸尿裤了。"那一瞬间，商品的外形、构造等包括细节在内的所有构思都清楚地浮现在脑海之中。从新生儿到幼儿的生态数据等都进入了脑海。然后产品型号以及商品行销路线等都在数秒之内闪现在脑海之中"（伊贺上陆光氏，当时任职于研发部）。

帮宝适的推出虽然很有可能将市场从自己公司的纸带型商品手中抢过来，但是开发仍然在有条不紊地进行着。"新产品肯定会对已有的产品市场造成损害，对于商品制造者来说'他们是不愿意生产和自己公司其他商品产生竞争的商品'，这句话不假，但是，如果不将技术革新从公司内部推向市场的话，就不可能了解顾客的欲求和需要从而产生新的提案。"（冈部高明氏，当时任职于市场调查部）。

1992年2月份，以刚过一岁、开始学走路的处于"摇摇晃晃期"的小孩为目标的大号L型内裤型纸尿裤"姆尼曼"开始发售。因为是内裤形状，即使孩子们再怎么动也不会产生空隙，能够很好地防止渗漏。这样，尤妮佳就垄断了现在的纸带型纸尿裤市场。

同年9月，面向8个月大小刚开始学会站立的婴儿的"姆尼曼"M型号也开始发售。新的产品在尿布中加入了宽约5厘米的数十个褶皱，因此它的伸缩性比现有的产品都好。同时它还准备了男孩专用和女孩专用系列。而且，刚才所提到的L大号"姆尼曼"也是从同样的褶皱机能改良而来的。

到了1995年10月，尤妮佳的廉价版，附带迪尼斯卡通人物形象的"妈咪宝贝"开始进入市场，内裤型

的"妈咪宝贝纸尿裤"也开始发售了。

宝洁——内裤型纸尿裤的再开发

1993年，宝洁的内裤型产品"帮宝适"在九州、关东地区展开销售。由于纸尿裤的侧面部分没有通气性，所以被消费者指责容易使婴儿长痱子，因此被改良了。当时，内裤型纸尿裤的市场规模大概有120亿日元，而且可以预见的是还将会急速增长。所以在1994年的时候宝洁开始在全国范围内发售"帮宝适纸尿裤"。

但是，"帮宝适纸尿裤"的销路并不是很理想。当时的日本有着"纸尿裤必须带有褶皱"这种消费观念。因此，不带褶皱的它一直打不开销路。雪上加霜的是，到了1995年由于受到阪神大地震的影响，制造该商品的明石工场决定终止内裤型纸尿裤的制造，优先考虑纸带型的制造。

以这件事为契机，宝洁开始更正自己在内裤型纸尿裤的开发中所遇到的问题。1995年开始，他们以全球市场为目标进行了内裤型纸尿裤的再开发。他们以"对肌肤无害"作为追求目标。可惜的是，全球化市场直到目前都没有形成。于是，他们仍然以日本的内裤型纸尿裤为市场，一边进行着纸尿裤的开发，一边学习和积累经验，期待着能将积累的技术灵活运用于全球化中。然后，他们试图达到既"对肌肤无害"又能满足消费者"易于使用"的要求。"易于使用"则是纸带型纸尿裤所不具备的，是内裤型纸尿裤所特有的优势。

于是，在1999年，"帮宝适速谷速谷纸尿裤"L大号的产品开始发售。虽然它完成了对"易使用"的改造，但是依旧保持自己没有褶皱的风格。设计者认为在全球化的市场中，褶皱这种东西是不需要的。就现在来讲，需要褶皱的国家也只有日本一个。因此，该新产品发行以后也没有收到意料中的效果。

花王——"如果没有坚实的思想就制造不出任何商品"

另外，花王受到1992年"姆尼曼"发售的影响，也在研究如何利用已经很先进的内裤型纸尿裤技术开发新产品。内裤型纸尿裤的基础技术就像我们所看见的那样，花王从1988年就已经着手开始研究，到了20世纪90年代已进入试验品的试验阶段了。但是，当时有两点因素阻碍了它的发展。第一，当时的纸带型纸尿裤正处于价格竞争中。要想让价格相对较高的内裤型纸尿裤被市场接受是很不容易的。

第二，内裤型纸尿裤在技术层面上还没有被接受。发售的时候就连公司内部都对该造型感到奇怪。想要在竞争中存活，就必须迅速展示出自己的优势。该产品坚实的基础来自于花王的独家技术给予的强有力支持。在此基础上，如果不认真考虑让母亲们的愿望得以实现的方法，是制造不出来任何产品的（藤原正辉氏，花王保健事业组品牌经理)。经过这样充分的准备，他们终于在1994年开始了"麦利兹纸尿裤"的销售。但是，它却和从1992年就开始销售的具有很高知名度的"姆尼曼"陷入苦战。姆尼曼以"易使用纸尿裤"为标题进行宣传，并且已经成为内裤型纸尿裤的代名词。

帮宝适在"爬行"时期的竞争——意料之外的使用方法

内裤型纸尿裤开始以能"爬行"的婴儿和低龄化婴儿作为目标。此时尤妮佳进行家庭访问所针对的对象并不是本来的目标年龄段。他们通过对穿着纸尿裤的5个多月大的孩子的观察,发现并开始了新一轮的竞争。听听母亲们的理由吧——"第一次听到内裤型纸尿裤的时候感觉它的价格很高,这么高的价格肯定是好产品吧,于是就买了一些。实际使用后发现果然是便于使用的产品"。然后他们对孩子在这个年龄段的数百位母亲进行了调查,发现:内裤型纸尿裤的满意率比纸带型纸尿裤的满意率高出20%以上。在这之后,他们对纸尿裤进行了重复的改善,将腰部的尺寸设计为可以拉伸到腰围的2倍左右。并且使用了能够轻松地给这个时期的婴儿更换尿布的"延伸褶皱"。因为这个时期的婴儿大便基本都是很稀软的,所以它从背后开始就设计了立体的褶皱来作为保护。如此一来,2001年的时候随着"姆尼曼—爬行期用"的发售,给爬行期婴儿换尿布不再是一件很辛苦的事了。

随着爬行期用纸尿裤的登场,市场从纸带型向内裤型转变的速度加快了。宝洁意识到,如果继续这样下去,当现在使用自己公司M号纸带纸尿布的顾客迎来自己的爬行期的时候,就有可能转而使用别的品牌的内裤型产品了。同时,他们也意识到,在全球化市场上没有多大需求的M号纸尿裤在日本市场是绝对的必需品。在2004年9月,宝洁发售了M号的"帮宝适的第一款内裤型纸尿裤"。它是1999年发售的"速谷速谷纸尿裤"的M号版。2005年6月在低月龄的"易使用"需求下,"帮宝适的第一款内裤型纸尿裤"进行了包括添加褶皱在内的大幅度改良。这种褶皱由日本开发小组领导的全球开发小组,从2001年开始共同开发出来。

2005年3月的时候,尤妮佳的廉价版"妈咪宝贝纸尿裤"系列也通过采用立体褶皱、增加腰部的吸收体等方式,对爬行期用的纸尿裤进行了改善。这样纸带型M号的转变速度加快了。

另一方面,2005年9月的时候,花王的人气产品"麦利兹纸尿裤"也开始进入"爬行期市场"。他们对该系列进行了大幅度的改良,将通气性提高了3倍以上,将屁股部分的幅度变为以前的一半左右,以达到便于行走的目的。

本章小结——日常的观察、空白市场、公司的强大

本稿叙述了已经成熟化的纸尿布市场在20世纪90年代以后围绕内裤型所进行的竞争，并确认了其竞争过程。那是一段使竞争构造发生很大变化的历史。原本不存在的内裤型设计将原本几乎由纸带型设计独霸的市场一分为二（见图3）。结果，最先展开内裤型设计的尤妮佳压制住了宝洁、花王，成为该产业的领头羊。

那么，作为本稿的总结，最后说说从婴儿用纸尿裤的竞争过程中得到的教训。

第一，在成熟市场的竞争过程中，"日常的观察"是非常重要的。在日常的观察中，从消费现场了解产品和使用该产品的顾客是非常重要的。换句话说，产品的开发不是以它所具有的功能、品质、设计为直接目的，而是要看被开发的产品在实际生活中被怎样利用。成熟市场存在着以功能、品质、设计等"产品间的竞争点"和"企业的技术"以及"顾客的明显需求"为灵感源泉而设计的局限。以"产品间的竞争点"为基础的开发，容易产生竞争规模的产品，这样就不容易区分并有陷入价格战的危险。

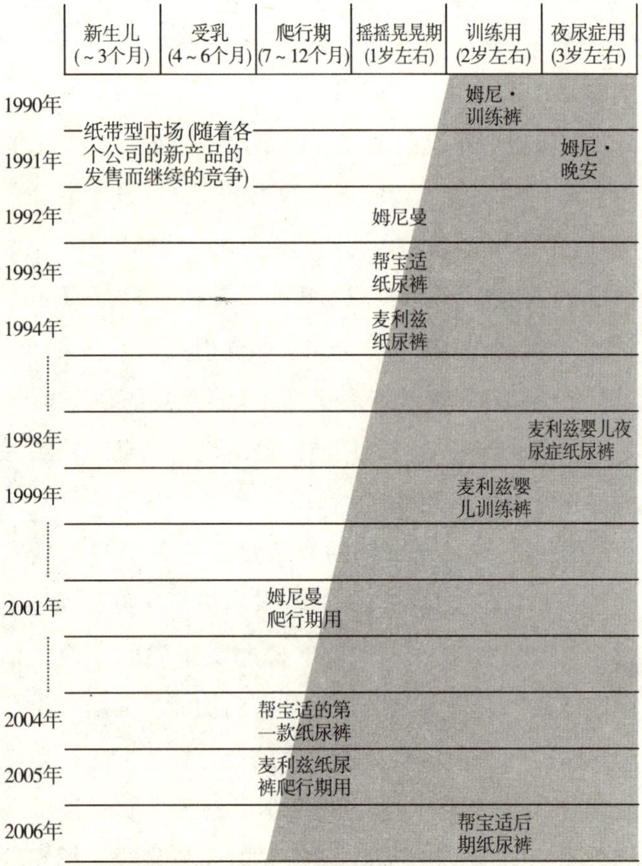

	新生儿 (~3个月)	受乳 (4~6个月)	爬行期 (7~12个月)	摇摇晃晃期 (1岁左右)	训练用 (2岁左右)	夜尿症用 (3岁左右)
1990年					姆尼·训练裤	
1991年	—纸带型市场(随着各个公司的新产品的发售而继续的竞争)—					姆尼·晚安
1992年				姆尼曼		
1993年				帮宝适纸尿裤		
1994年				麦利兹纸尿裤		
1998年						麦利兹婴儿夜尿症纸尿裤
1999年					麦利兹婴儿训练裤	
2001年			姆尼曼爬行期用			
2004年			帮宝适的第一款纸尿裤			
2005年			麦利兹纸尿裤爬行期用			
2006年				帮宝适后期纸尿裤		

来源：作者根据采访以及日本经济新闻制成。

图3 婴儿用的内裤型纸尿裤

或者说以"企业的技术"为基础的竞争也同样存在局限性。花王的内裤型纸尿裤以技术为开发基础，但是它的竞争却早于市场的形成。这样的技术恐怕也是很多选项中的一个，但是却没有考虑资源的充分配置。就尤妮佳来说，不管是"训练裤"还是"晚安"系列的纸尿裤的技术都不能简单地应用于其他产品中。和花王一样，技术也是很多选项中的一个，如果不经过观察确信的话，是不能很快做出选择的。现在看来，从摇摇晃晃这个阶段到爬行期，纸尿裤的展开花费了9年时间几乎是必然的。

然后，在成熟的市场中不能期待顾客有明显的需求。"在已经成熟化的市场中，从顾客方面直接传达出来的消费需求是很少的，要想通过市场调查来发现也是很难的。"（池田浩和氏，尤妮佳国内事业部长)。

通过本事例我们可以了解到的是：创造新产品的灵感，是从对使用该类产品的顾客的日常行为的观察中得来的。纸带型纸尿布和内裤型纸尿裤能将市场分割开来，与他们各自的设计和婴儿的身体特征有很大的关系。根据婴儿在各个阶段的不同身体特征，他们展开了不同的设计。或者说，观察不同的顾客也是很重要的事情。就像已经知道的那样，"姆尼曼"在将

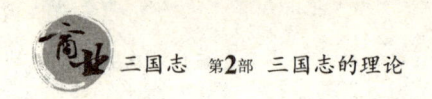

婴儿看作自己的目标顾客的同时，也深深地明白父母才是直接的购买者。所以父母也是更换尿布的顾客，这样的信息就成了他们的产品进行开发的契机。因此，围绕内裤型纸尿裤所产生的一连串新产品的灵感，基本都是尤妮佳通过对顾客的日常观察所得来的。该公司每个月都会组织至少一次市场调查，或者由开发的负责人去有婴儿的职员、消费者评论员家中进行走访。他们通过倾听了解产品的使用情况和需要改善的地方，并对使用纸尿裤的顾客的行为进行观察。特别是顾客观察这一项，并不是原本的开发项目，是后来无意识创造出来的项目和概念。这样，在市场调查和开发负责人的共同作用下，企业就可以取得不同的观察视点，企业不仅可以更容易地获得灵感，也可以提高此后的开发速度。

另一方面，虽然花王和宝洁也进行了顾客调查，但是并不是日常调查，而是在新产品开发的时候所进行的针对新产品的调查。这样一来，就有可能将超过这个范围的一些原本没有意识到的项目遗漏。

第二点的教训是：不仅从竞争的主要市场，从周边市场或者空白市场也可以产生革新的设计。比如在本案例中，"出口"市场的顾客需求是很重要的。能否满足"入口"市场的顾客消费需求，将会很大程度地影响到它和该市场此后主要顾客的关系，这一点是很重要的。但是，已经"毕业"或者处于将要"毕业期"的顾客的需求，也有可能和主要市场有很大的关系。确实，主要市场不管和入口还是出口都有很大的牵连。而且，在这之中，出口市场的顾客的需求或许还比较特殊。但是，就是在这样一个特殊的市场中，一定还存在着至今无人知晓的新的潜在市场需求。

第三点的教训是：竞争结构，身处在动态的竞争关系中就必须时刻保持与时俱进的姿态。在3个公司的特点中，尤妮佳是一个市场志向很强的企业。市场志向不仅仅是从顾客的反馈中了解明显的需求，还必须去注意那些连顾客自身都没有发现的隐性需求。因此，他们先于其他公司，并创造了新的市场。在竞争开始出现和市场规模成长的时候，他们推出了自己的廉价版产品并确立了自己的地位。但是，以隐性需求作为市场志向的策略，也存在与市场背道而驰的危险。

花王也是作为市场志向很强的企业而有名的。通过对3个公司的对比可以发现，它拥有拘泥于独自技术的这一特征。该公司通过自己研究、开发、制造积累了很多独家技术。因为拘泥于独自的技术，所以它参与到这个竞争中的时间要比宝洁晚很多。但是，作为健康事业部的它综合了婴儿用、大人用以及生理用品，使得系统性的技术开展和从生理用品向婴儿用纸尿裤的技术转移有了一个良好的环境，并能更好地发挥作用。

宝洁是一个全球志向很强的企业。尤其是在日本，他们通过对日本市场的学习，寻找着能够被全球市场所接受的标准。现在，该公司的全球婴儿护理市场销售额已经达到了70亿美元，并且占据了全球1/3的市场占有率。虽然该公司在日本国内的市场占有率只是第二或第三，但是在全球范围内它却是市场的领头羊。至此，以全球市场为目标的标准化战略顺利地发挥出了它的作用。

就这样，在市场成熟化以后，各个公司以自己的志向为特征，并据此采取了相对的战略，显示出了自己的强大。因此，在理解一个企业战略的时候不能太绝对化，在相对的视点下对战略的理解才是分析竞争过程的意义所在。

● 参考文献

绪方知行(1996),《经营的共感》,东洋经济新报社。

高原庆一郎(1994),《经营的感动》,内野社。

矢野经济研究所(1987～2007),《日本市场占有率事典》,矢野经济研究所。

● 采访名单

尤妮佳执行董事全球行销本部部长:木村幸宏氏,公司企本部国际事业开发室铃木贵士氏(2007年10月11日)。

尤妮佳全球行销本部关注婴儿国内事业部长 池田浩和氏(2008年8月26日)。

花王人类保健事业个体保健事业群经理 藤原正辉氏以及该公司人类保健研究中心保健研究所室长 渡边久记氏(2007年12月5日)。

P&G日本宣传经理 吉川美奈子氏(2007年12月6日),以及,该公司东北亚·婴儿护理行销·伊谷拓音部大辅氏(2007年12月18日)。

第3章

家用游戏机

任天堂
VS
索尼
VS
微软

栗木契　准教授　经营学研究科　神户大学大学院

家用视频游戏(Video Game)的出现至今已经有三十多年的历史了，算是比较悠久的产业了，这个产业在发展过程中，有一些颇具故事性的历史，故事中充满令人扼腕的失败、让人激动的创新和难以置信的愚蠢。以下是这些故事中的一部分，希望能唤起你对往日时光的追忆。从这些故事中，也许我们还能预测到在新一代游戏机大战中谁将是最终胜利者。

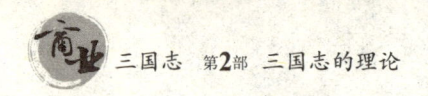

任天堂，日本最著名的游戏制作公司，其制作的电子游戏及主机、掌机系列在全球范围内深受欢迎。

索尼公司，或者索尼株式会社，简称索尼，又译为新力公司。创立于1946年5月，企业总部位于日本东京，为横跨数码、生活用品、娱乐领域的世界巨擘，其前身是"东京通信工业株式会社"。

Xbox 360是世界最大的电脑软件公司微软所开发的第二代家用视频游戏主机，微软Xbox 360是唯一一款具备定时功能的游戏机，家长们可轻松设定相应游戏时间，同时也能对孩子们所玩、所观看的内容加以限制。

营销中需要"历史观"的理由

营销的难点在于,"不完善的战略注定失败"这样单纯的决定论在此领域不能通用。成功也有可能将事业带进预想不到的领域中。换句话说,优势也有可能成为衰落的原因。

如果把营销的失败归结于企业战略的不完善、市场调查力度弱等表面理由,就有可能错失扭转乾坤的机会。企业周到合理的战略导致企业在市场上的衰落的案例也不在少数。

如果从市场自身的进化方面来考虑营销的逆转性是可以理解的。换句话说,营销就是根据与再次构建的新秩序的对话而展开的活动。然后,在这个过程中读懂、理解新生的秩序,理解企业和产品的固有历史,掌握其复杂的、相互依存的竞争机制。曾经,亚塔利VCS垃圾软件连续发售导致了家用电视游戏机市场的崩溃。而后来任天堂所发行的"红白机"挽救了这个市场,并使得家用电视游戏机这个产业得以确立。索尼(SCE)曾用自己的PS[①]系列品牌几乎将该市场变为历史。但是不久之后,Wii的大热产品再次占据

[①]PS, Play Station, 是日本SONY(索尼)旗下的索尼电脑娱乐SCE分部生产的家用电视游戏机,现已成为最出名的家游产品之一。

市场首位，更进一步，在PS的影响下，它的销售额在两年间增加了200%。它们为什么能够突破市场的壁垒呢？

要回答这个问题，还是要以历史为依据来进行考虑。

成败的关键

2006年12月，任天堂发售了拥有超高人气的家用电视游戏机Wii。这款游戏机的魅力在于：使用了新型的控制器，并给人以直观的操作感。家用电视游戏机（可以和电视连接起来，并且配置有能使CD转化为ROM装置的机种）也在随着时代的变化而发展。1983年发售之初，任天堂的家用电视游戏机引起了很大的轰动。因为它使得游戏机兼备了视频动画的功能。同样，索尼的PS也在20世纪90年代开始发售并且开创了家用游戏机的3D时代。

家用游戏机中主角的更替似乎是和技术进步所引起的机器性能以及操作性有关。但是，事实上，这种单纯的技术决定论是行不通的。从竞争的历史中，我们能够发现，很多具有高性能的硬件和可操作性的机种，最终却没能流行起来。

接下来，我们来看看作为世界领头羊的日本家用游戏机市场，是怎样实现营销竞争的不断扩大的。

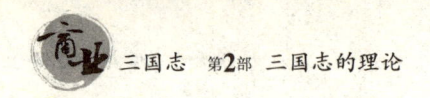

家用游戏机产业的兴起

世界上第一台电脑游戏机诞生于1958年。其发明者是美国国立研究所的科学家威利·希金博萨姆。他所开发的电脑游戏机是工学专业大学和研究所的很多学者的共同心血。他们共同开发和改良了各式各样的软件,并且将它们免费公布于世。

电脑游戏机产业开始形成是在20世纪70年代以后,推动者是诺兰·布什内尔,其将街机用的"电脑空间"和"分歧器"成功结合,1977年开始了家用交换式游戏机的发售。但是,此次的销量并不是很好。1978年布什内尔引咎辞职。

但是,1988年亚塔利公司的销量突然开始上涨,随着在日本所发售的商业用游戏机"太空侵袭者"在美国形成风潮,越来越多的人开始关注电脑游戏。随着"太空侵袭者"的风潮,亚塔利公司展开了软件的发售。亚塔利最终在美国销售了1 400万台家用电视游戏机,并因此在世界范围内取得事业的成功。

同样,任天堂的红白机也为家用电视游戏在日本的普及做出了巨大贡献。该款产品是在亚塔利进入美国市场后的第三年即1983年7月推出的。另一方面，亚塔利的硬件和软件的贩卖状况陷入泥潭。"太空入侵者"之后，该市场被各种粗制滥造的游戏软件所充斥。因此，顾客对亚塔利公司的恶评如潮。此后以任天堂为代表的日本企业开始成为世界家用电视游戏的领头羊。

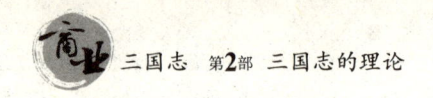

3个转折点、3个结构

到目前为止，在日本的家用电脑游戏产业中，一共发生了3次主导性事业的转换(见图1)。接下来，让我们来看看主导了这些转换的任天堂和索尼在转换期各自做过什么。在这之前，我们首先来确认3个结构所拥有的共同点（见图2）。

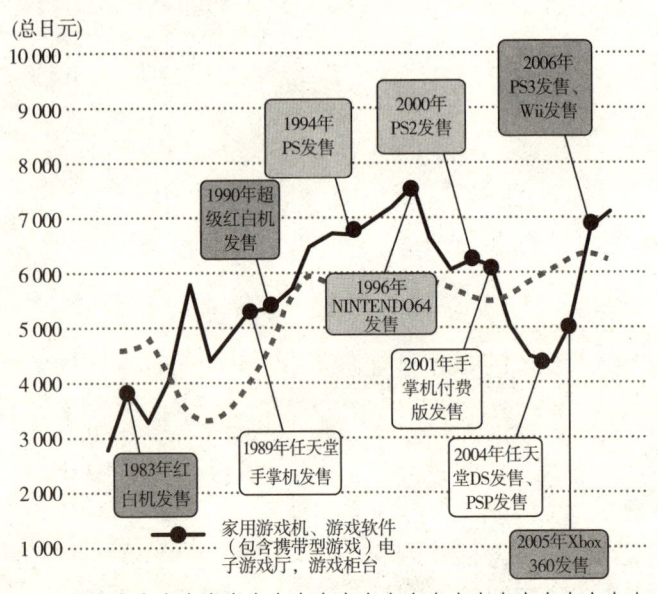

(总日元)

主要事件标注：
- 1983年红白机发售
- 1989年任天堂手掌机发售
- 1990年超级红白机发售
- 1994年PS发售
- 1996年NINTENDO64发售
- 2000年PS2发售
- 2001年手掌机付费版发售
- 2004年任天堂DS发售、PSP发售
- 2005年Xbox 360发售
- 2006年PS3发售、Wii发售

图例：家用游戏机、游戏软件（包含携带型游戏）电子游戏厅，游戏柜台

来源：根据闲暇娱乐白书1996年、2008年制成。

图1 1982～2006年家用游戏机市场规模变化

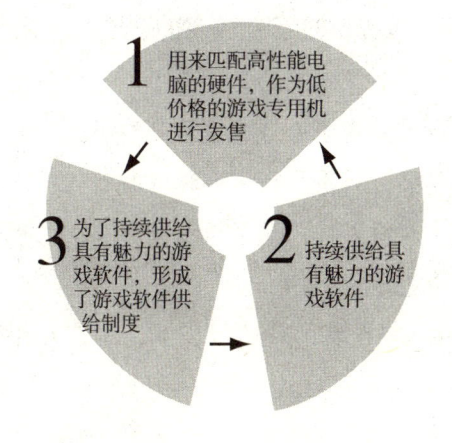

```
   1  用来匹配高性能电
      脑的硬件，作为低
      价格的游戏专用机
      进行发售

3 为了持续供给      2 持续供给具
  具有魅力的游          有魅力的游
  戏软件，形成          戏软件
  了游戏软件供
  给制度
```

图2 使三个事业受益的机制的共同点

1.游戏机制造商将与高性能电脑匹配的硬件作为游戏专用进行低价发售。国内家庭用电视游戏产业的成功有以下几点因素。第一，低价格的设定推动了游戏机的普及。第二，对同一机型进行长时间、大量的贩卖并从中获得利益。

2.游戏机制造商不再将软件和硬件进行组装，而是分开销售（将原为一体的产品或者服务分解开来提供，顾客可根据自己的判断自由进行选择）。因此，在这样的提供规则下，使用一款机器就可以享受所有的游戏软件所带来的乐趣。就使得游戏机可以成为长

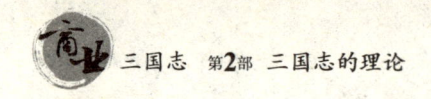

期消费品。

  3.为了持续提供有吸引力的游戏软件,由游戏机制造商主导的"第三·晚会"形成了。这是一个提供游戏软件的机构。由于游戏机制造商对供应链的介入,"第三·晚会"开发和提供有趣的游戏软件的效率变高了。这个时候,作为游戏机制造商靠山的正是自己公司机种的超高普及率。

  上面的1~3点就像鸡和蛋一样,有着互相循环的依存关系。因此,这种关系一旦开始运作就不会产生大的问题,并且可以使企业获得很大的收益,形成自己的产业。现在的问题是,这个关系在最初的时候怎样才能开始运作,或者说应该如何导入到这个生成过程中去。下面,我们来对与此有关的几点内容进行确认。

家用电脑红白机（任天堂所制）有什么过人之处？

任天堂是家用电视游戏产业的后发企业。在它参与到这个市场的时候，国内就有接近10家公司已经在销售自己的家用电视游戏机了。

据说，任天堂红白机的高性能以及低价格使它在与别家公司产品的竞争中占据了压倒性的优势。任天堂认为要想使家用电视游戏机得到普及，就必须有一个能被大众所接受的价格。因此，在尽量不改变产品模型的情况下，他们对IC芯片的采购价格进行了下调，并且加大了产品的功能性。他们不断地提高游戏所需要的动画机能，同时将不必要的机能全部删除。

话虽如此，但是低价格的商品未必就会成为畅销品。任天堂能做出不改变游戏机模型，只在功能性上下工夫这样的决断，很大程度上是取决于软件的市场营销和游戏机的市场营销方式。

电脑游戏中的家用电视游戏机都具有一个特征：硬件和软件是分开提供的。比如说，对游戏厅里的街机游戏机实行硬件软件分开化，就可以通过软件的转

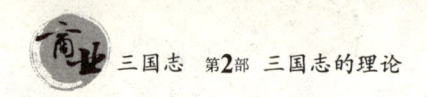

换来进行各种各样的游戏体验。在红白机进入市场初期,任天堂还进行了这样的尝试,即分开销售与一体销售同时进行。

如果软件的魅力可以给硬件增光添彩,那么就不需要提高模型的魅力了。

任天堂已经在街机游戏领域成功开发出了杀手级的软件。当时的游戏厅将红白机移植进了人气很高的"大金刚"里面,并且迅速成为主流。在软件和硬件连带营销的作用下,任天堂在进入市场两年后,就完成了500万台的国内销售量(见图3)。

厂商	硬件种别	发售日	国内(万台)	全世界(万台)
任天堂	家用电脑	1983.07.15	1 935	6 191
	超级红白机	1990.11.21	1 717	4 910
	NINTENDO64	1996.06.23	554	3 293
	任天堂	2001.09.14	402	2 172
	Wii	2006.12.02	549	2 013
索尼	PS	1994.12.03	2 160	10 250
	PS2	2000.03.04	2 118	11 789
	PS3	2006.11.11	194	550
微软	Xbox	2002.02.22	47	2 450
	Xbox360	2005.12.10	59	1 770

来源:Wii、PS2、PS3、Xbox、Xbox360的国内统计台数是根据月刊的调查(2008年3月2日时),其余的是根据各个公司发表的数值(任天堂、微软2007年12月末的销售台数。索尼是以2007年3月末的生产出厂数)。

图3 主要的家用电视游戏机的累计销售台数

任天堂为了提供更具有多样性的游戏软件，导入了前无古人的独自机制。任天堂要求"第三·晚会"按照以下条件进行游戏软件的开发和销售。

如果有软件商想要生产红白机用游戏软件就必须将生产委托给任天堂，生产成本（特许使用费）提高了很多。而且他们对每年的预计销售台数以及最低生产单位数实行了限制。在软件开发方面，任天堂也设定了关于品质、内容的评价和筛选。

任天堂之所以制定出这些条件，正是从美国亚塔利公司的失败中吸取的教训。因为亚塔利公司所生产的游戏软件市场充斥着粗制滥造的产品，因此它招致了顾客的反感。任天堂所销售的软件是由拥有很强开发力的"第三·晚会"所限定开发的，因此，在追求软件多样化的同时，他们也能最大限度地维持软件的品质。

游戏软件商品的消费者一般都是为了体验未知的乐趣而购买的。因此，买回来体验过后才发现是劣质产品的话就为时已晚。此时销售者早已经将金额回收了。因此，在没有任何制约的情况下，将软件的供给全权委托给"第三·晚会"，就会有卖出次等软件这样的机会主义行动的风险。

如果机会主义行动蔓延,就会被顾客所背离,也可能会成为企业衰退的重要原因,就像在亚塔利事例中发生的一样。所以,在产业的发展中,就要阻止个别企业采取机会主义行动。任天堂对"第三·晚会"提出的条件虽然很苛刻,但是仍然有很多软件制造商开始从事红白机用软件的开发工作。当时的家用电视游戏软件的开发工作并不需要大量的人手和资金。另外,任天堂对"第三·晚会"的介入是在红白机发售的一年以后才开始的。在这期间,红白机的普及使得大热产品的销量实现100万的突破不再是梦。

PS3的大逆转

任天堂趁着在国内市场上的成功,马不停蹄地开始向国外市场进军,并且凭借着第二代机种"超级红白机"取得了很大的成功。但是,任天堂第三代的32皮特机在国内外事业的开展却晚于索尼。

索尼在1994年12月开始了PS的销售,这之后PS的销量取得显著的增长。短短的两年时间,实现了国内累计销售500万台的壮举。此时,国内的家用电视游戏行业中,有很多电子光学制造者希望能够冲破任天堂的壁垒,但是始终无法成功。因此,1994年PS的发售到底能带来怎样的变化呢?我们拭目以待(平林·赤尾[1996]、麻苍[1998]、藤川[1999])。

索尼进行了和任天堂在开发红白机时一样的尝试。根据将来的量产效果以及经验效果,他们希望削减成本,并在软件事业上受益。在游戏机方面,比起利益来,他们更注重贩卖台数或者说游戏机的普及率。另外,虽然有的游戏机本身就是高性能的电脑,能应付各种各样的用途,但是索尼仍然将自己的PS定位为"游戏专用机"。

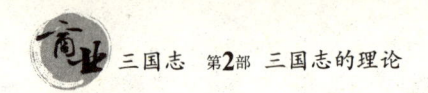

话虽如此，作为后来者的索尼如果仅仅效仿任天堂，要想取得成功是很难的。在时代的交换期，索尼抢先一步发售了自己的高端游戏机。与此同时，他们解决了任天堂与"第三·晚会"在交易条件中所存在的问题，实现了壁垒的突破。

第一，SCE（索尼旗下子公司）早于任天堂展开了二代高端机的开发和销售工作。SCE利用索尼内部的积累，发售了第三代PS机。SCE在这个方面领先了任天堂长达1年半之久，并占领这个市场的大部分份额。但同为第三代机的松下电器产业的3DO利雅路要比PS早发售9个月。问题的关键并不仅仅在于发售时间的早晚上。

第二，SCE利用了CD-ROM的优势，在软件的供给制度上也与任天堂做出了竞争。SCE利用CD-ROM容易追加生产的特征，缩短了从收到订单到交货所需要的时间。同时，也形成了可以实现小批量追加订货的生产供给体制，从而减少了软件制造者和流通者所担负的库存压力。另外，SCE采用的通过贩卖公司与小商店的直接贩卖方式在为时间的缩短、固定的生产和供给方面也做出了重要贡献。

更进一步，因为SCE在PS中采用的CD-ROM的原价和成本都很低，因此也最大限度地降低了该产品的单价。

另外，SCE不仅仅是为软件开发提供必要的工具支援。他们也减少了对"第三·晚会"的制约，同意规模较小的企业和新生企业进行软件的开发工作，实现了销售的多样化。低成本的CD-ROM使得它的委托生产费用比任天堂的要低很多。简言之，它既能缩短供货时间，又能减少制造者的资金负担。大幅度缓和了在软件审查方面的问题，取消了每年在销售量方面的限制。

SCE从任天堂的经验中领悟到家用电视游戏事业的关键就是硬件和软件在营销中的连动。但是，SCE却无法像任天堂一样制造出属于自己的杀手级软件。在这里，SCE没有不顾一切的由"第三·晚会"提供供给，而是慢慢地进行着自己的改革。这并不仅仅是学习，创造性地克服资源的差异性正是该时期松下电器以及世嘉产业和SCE的不同之处。

再次，我们应该注意到，在SCE进入市场的时候产业条件已经发生了变化。任天堂对软件制造商所采用的交易条件不再是抑制机会主义的唯一策略。比如，随着流通业者选择点的提高，商家会先对商品进行筛选然后再推荐给消费者,而且消费者也会参考专业杂志对新产品的评价再决定要不要购买,也可以根据商品的系统化以及品牌化,根据对一种商品的使用经验而决定下一次要购买的商品品牌。这些都成了可以抑制机会主义行动的途径。

　　PS进入市场的时候,家庭用电视游戏软件的游戏专卖店取代了小规模的玩具店而成为贩卖的主轴,红白机的成功在很大程度上改变了市场环境。同时,软件制造点的规模扩大了,大型企业也开始了系列化的多种游戏的贩卖工作。但是任天堂却疏忽了这些变化的意义。这些机会随着SCE的改革迎面而来。

Wii（任天堂所制）所创造出来的东西

　　任天堂的Wii是第五代家用电视游戏机，大约晚于同为第五代机种的微软Xbox360一年推出，比SEC的PS3晚1个月推出。Wii在2006年12月开始发售。Wii的贩卖取得了令人瞩目的成绩。根据美国调查公司VG图表的推算，截止到2008年9月6日，Wii在日本国内的累计销售台数为675万台。在世界范围内Wii也拥有很高的人气，同年7月末它和先于它发售的微软Xbox360保持相同的销售量（见图4）。

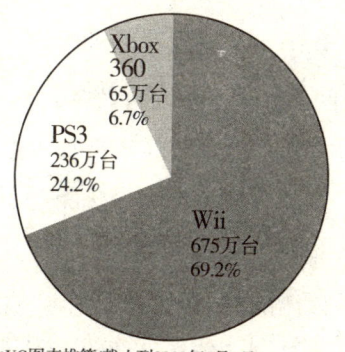

注：由VG图表推算(截止到2008年9月6日)。

图4　Wii、PS3、Xbox360的日本国内市场占有率

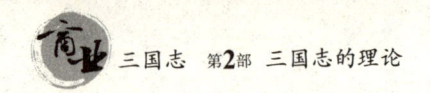

同时，Wii的世界贩卖台数达到了3 213万台。

另一方面，PS3的销售在刚开始遇到了挫折，因为其最初的销售价格是Wii和Xbox360的2倍以上。但是随着它逐步下调自己的单价，到2007年11月，其国内销售台数已经超过了Wii。虽然推出得比较晚，但是截止到2008年9月6日，PS3的国内累计销售台数为236万台，世界范围内的累计销售台数为1 538万台。

截至2008年9月6日，Xbox360的国内累计销售台数为65万台，世界累计销售台数为206万台。

在Wii、PS3和Xbox360的发售期间，国内的家庭用电视游戏市场一直在持续缩小。SCE在开始进入市场时确立的事业体系促进了销售量的增加并实现了系统化。但是销售却集中在了拥有很高人气的一部分软件上，并且随着时间的推移这种倾向只强不弱。

这样带来的问题，不是曾经任天堂所担心的劣质产品的泛滥，而是游戏的类型和变化相对固定，从而导致顾客群体的相对固定并丧失了"多样性"。简言之，系列化就是给曾经的畅销品制作"续集"。这样，既能清晰地预计到后续商品的购买群体，又能在销售期间承受较小的风险。但是，作为续集的游戏要想吸引老顾客，就必须展开更加复杂的制作工艺。因此，在续集次数增多的情况下，就很难获得核心粉丝以外顾客的认可。国内的游戏市场规模在1997年的时候达到了顶峰，2004年的时候缩小到只有当时60%的程度。在进行销售前，SCE以PS3所配置的最尖端导体"晶粒"以及它所具有的超强的处理能力为卖点进行宣传。与Xbox360在计算机与互联网的联动性方面具有优势相比，PS3在图形方面具有自己的优势（《日经产业新闻》2006年9月19日，2页；2006年11月10日，2页）。与此相对，任天堂认为"即使是与对手制造商进行竞争，游戏事业的入口也不会增加"。因此，他们更愿意制作出能与追求高品质画面的PS3划清界限的独特产品(《日本经济新闻》2006年11月10日，9页)。Wii采用的是单手就可以操作的新型布莱尔型控制器。任天堂充分发挥出了该控制器的特性，并研制出了用像挥舞球拍一样的方法来操作控制器的方法。这种像是在"接触游戏"的新玩法能够使家人和朋友在交流中享受游戏的乐趣。随后他们将该技术运用到了家用电视游戏中。据任天堂的总经理岩田聪氏在记者招待会上所说，该项产品的目标是"要让那些对游戏毫无兴趣的人也开始喜欢该产品"（《日本经济新闻》2006年9月15日，9页)。

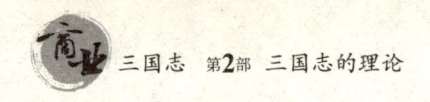

以Wii为新事业轴心的任天堂确立了和以前家庭用游戏机不同的顾客群体和新的操作方式，但是在通过该方法能否成功地从游戏机的高性能化竞争中脱离出来这个问题上产生了分歧。如果能让游戏机快速、大量普及，正在为国内市场的缩小而烦恼的"第三·晚会"，肯定会积极投入到软件的生产中去。

任天堂做出了对的选择，Wii获得了与PS3不同层面的新顾客群体。2007年9月的一份调查中显示，国内的PS3核心用户大多处于15~29岁的年龄段，而Wii的核心用户既有14岁以下的，也有30~44岁之间的。另有调查显示，女性对于Wii的购买欲望很强。比如在自己家里使用，更多被用在楼道等地方。现在处于30~44岁年龄层的父母，在年轻的时候一般都体验过各种各样的家用游戏机。这个年龄层对家用电视游戏的亲切感已经形成了。如果能设计出符合这种嗜好和生活模型的游戏方式，那么就很容易获得非游戏迷玩家的购买了。

另外，随着游戏机在家庭中存在感的加强，就不能忽视母亲的存在。在这一点上任天堂也考虑得很周到。在Wii进入市场的时候，他们意识到了女性也在接触游戏，并以此为灵感进行了软件的开发。

Wii将PS的隐性功能发挥得淋漓尽致。而且，这种潜在性是作为SCE的事业体系所没有预料到的结果。

结果证明Wii采用的战略是正确的。但是，他们仍然忽视了一个问题，即任天堂并不是选择了一条预先就确定能够成功的道路。对于游戏软件的开发来说，准与不准是至关重要的问题。加上还要吸引以前并不关心游戏产业的人的注意力，就很有必要重新审视"游戏到底是什么？"这样的问题了。从这样容易形成话题的问题当中，开发者们有了共同的认识——"软件的开发不是一件轻松的事"。优秀的战略并不等于"没有风险的选择"。

结果，任天堂在这场竞争中胜利了。任天堂的幸运就是其对手的不幸。PS3在量产的延迟、昂贵的价格以及发售时期软件太少的影响下成长缓慢。Xbox360也受到了面向日本的人气软件不足的影响。话虽如此，更重要的是，在SCE和微软还在以持续缩小的固有家庭用游戏市场为目标的时候，任天堂却将自己的赌注放到了固有市场以外的潜在市场和操作方式上。

本章小结——组合市场实现的竞争

家用电视游戏产业的历史就是一部竞争和相互依存的历史。也是一部围绕着"技术"的进化、"游戏"和"娱乐"领域不断深化和扩大的历史。如果回过来看这段历史,就会发现在组合市场上实现竞争的重要性了。

组合市场究竟是什么呢?对这一点,还是很有必要说明一下的。在我们购买商品的时候,首先必须要确认它们的价值,然后再进行支付。但是,单一的东西是肯定发挥不出它的有用性的。就拿茶杯来说,它并不是只作为杯子来使用的,必须给里面放入"喝的东西",然后放到桌子上,最后再与"杯盘"和"勺子"相互搭配。这样能将使用价值实现的相互依存和组合就被称为组合市场。

究竟这些公司是怎样实现并创造属于自己公司的组合市场环境的呢?组合市场的实现有以下三个基本方法(见图5)。

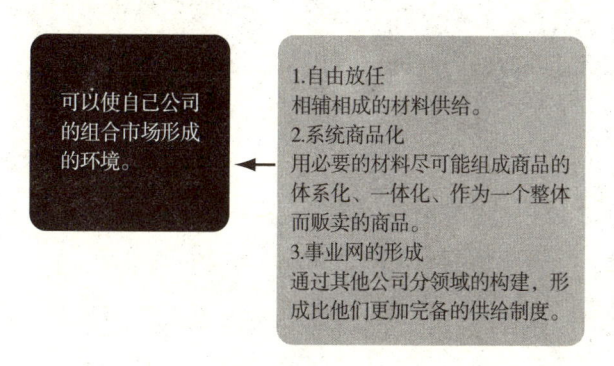

```
┌─────────────┐         ┌──────────────────────┐
│ 可以使自己公司 │ ←─────  │ 1.自由放任           │
│ 的组合市场形成 │         │ 相辅相成的材料供给。 │
│ 的环境。       │         │ 2.系统商品化         │
│               │         │ 用必要的材料尽可能组成商品的│
│               │         │ 体系化、一体化、作为一个整体│
│               │         │ 而贩卖的商品。       │
│               │         │ 3.事业网的形成       │
│               │         │ 通过其他公司分领域的构建，形│
│               │         │ 成比他们更加完备的供给制度。│
└─────────────┘         └──────────────────────┘
```

图5 实现组合市场的方法

第一，自由放任。换句话说，就是将组合市场的形成完全交给市场来完成。

这个方法顺利的话，就会将像家用电视游戏机一样已经扩展开来的价值作为重新组合的对象。但是，即使是同一款游戏机，在给自己公司的新模型供给游戏软件的时候，放任主义也不一定行得通。

家用电视游戏机历史的回顾。不管游戏机制造商们怎样进行优秀软件的开发，也仅仅只能维持游戏软件的供给而已，要想实现产业的扩大是很难的。没有好的游戏软件，游戏机就不会普及。如果游戏机得不到普及，要承担风险进行软件开发的制造商就不会出现了。虽然亚塔利VCS在偶然的情况下用"太空侵略

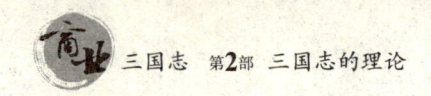

者"打破了这样一个恶性循环,但是它们也不得不接受软件制造商们的机会主义行动蔓延的事实。

能实现组合市场的第二种方法就是:系统化商品。这是一个和自由放任完全对立的方法。如果能将硬件和软件配合起来销售,就不会产生上述的问题了。游戏厅里面的街机就是这种系统化商品的一种。

话虽如此,系统化商品也存在着自己的问题。因为要将软件设定在自己公司能够供给的范围之内,就在构成要素上对多样性做出很大限制。特别是在家用电视游戏机方面,随着各种各样的软件持续投入到市场当中,在有必要延长同一型号的硬件销售的时候,这个界限就制约了产业的成长。

能实现组合市场的第三种方法就是:形成自己的事业网络或者事业体系。这种方式是上述两种方法的折中型。通过第三种方法,实现了国内家庭用电视游戏软件供给的开发。

现在,家庭用电视游戏产业中大部分的软件供给来自"第三·晚会"。但是,这种销售模式并不是和游戏机制造商完全无关而自然发生的东西。任天堂通过对自己的杀手级软件的推广,促进了自己硬件的普及,并谋求了能在运动中游戏的新的游戏方式,成功开发出了隐性顾客这一潜在的巨大市场。同时，同为游戏机制造商的SCE通过专门店和专门杂志的发展，或者说根据销售的体系化，成功修改了"第三·晚会"在交易惯例上的不足之处，引领了软件供给制度的改革，并使得日本家庭用游戏机的市场得以迅速发展。

必须要注意的是：企业的网络是同时在企业的内外扩大的。在创造和再造的过程中，企业不能仅仅从自身进行设计，对外部力量的借助也是很重要的。这里的关键就在对现有资源的理解和转换上。例如，在软件的供给网络出现和改革的时候，任天堂将自己的街机软件转换为家用，SEC通过游戏专门店和游戏专门杂志的发展，成功地抑制了软件商的机会主义行动。在国内家庭用电视游戏市场持续缩小的背景下，挖掘出潜在客户并扩大了自己市场的任天堂等这些例子，都是通过巧妙地理解替换公司内外的现有资源而进行的。利用别的公司的力量实现自己的目标并不意味着要将对方打败。相反，应该以对手的动向和存在为前提。与此同时，充分掌握对方的情况也是很重要的。

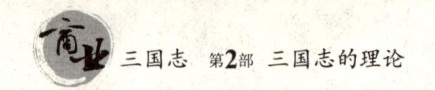

第2部总结——没有预料到的"渔翁之利"的发现

《三国志理论》的序言中,金迈路先生就曾经提示过"中立者、媒介者"、"渔翁之利"、"分割支配"这个典型的三方逻辑框架。但是,应该如何将三国志的理论在家用电视游戏机、婴儿用纸尿裤以及健康绿茶这三个市场上展现出来?下面,我们将按顺序进行确认。

首先,以家用电视游戏机市场的已有消费者为目标的微软和索尼,分别以Xbox和PS3为媒介进行相互之间的竞争。而此时,任天堂则以他们两个都没有意识到的潜在客户为目标,开发出Wii并取得成功。这时任天堂就被看作获得了"渔翁之利"。

但是,这和金迈路所指出的内容有两点不一样的地方。

其一,以家用电视游戏机的潜在客户为目标的任天堂,并不是渔夫之利中的"渔夫"即"中立者",它自己也是以已有顾客为目的的竞争"当事者"。

同一时间里三者的构造与历史变迁中的三者构造

是不一样的。

其二，针对潜在客户的市场就像"渔翁之利"一样，并不是明显存在的东西，而是一种潜在的东西。换句话说，是任天堂自己创造出来的"利"。

其次，在婴儿用纸尿裤市场上，尤妮佳和花王以及宝洁在纸带型产品的反复竞争中，开发出了内裤性纸尿裤并且投入到已有的市场中，随之市场被分化了。这是金迈路的三者构造里面所没有的。尤妮佳和刚才提到的任天堂一样都是当事者，进一步说，本来就是产品市场的竞争者。

在健康绿茶市场上，花王、三得利通过各自的战略促使了新的"健康茶"市场的形成，而伊藤园作为后来者也参与到其中。因此，伊藤园看起来就好像是获得了"渔翁之利"一样。但是，还是和金迈路所说的有少许不同。第一个就是，新领域的创造有可能是三者都从中受益。换句话说，不一定只有渔夫才从中获得了很大的利润。只是有先发优势和后发优势的区别而已。

另一方面，在新市场的形成过程中，竞争对手发生了变化。各个企业根据不同的战略生产出来的制品，在相互作用的过程中促使了新市场的形成，同时也成为互为竞争的产品。这并不像金迈路所说的三者是固定的，在竞争的过程中三者存在着变化的可能性。

通过这些考察研究，笔者将《三国志理论》中已经确认的思想整理为以下3点。首先，就像金迈路所说的关于三者构造中的"中立者、媒介者"和"渔翁之利"。"中立者、媒介者"中的中立者只是在某个时间点里存在的，并且不是作为第三者参与到竞争中去的。另一方面关于"分割支配"的问题在此场合无法确定，或许会体现在事业提携等场合吧。

第二，从历史的角度来看三者构造的意义。正如金迈路所说，不能仅从一个时间点来看共时的构造，看到通时的构造是非常重要的。在历史的长河中，三者的作用是不断变化的，同样，三者所属的企业本身也在不断变化。

第三，企业通过市场的细分化作用，甚至可以将自己公司设定为竞争对手。

最后，从《三国志理论》的实践性中得到启发，可以确定的是在很多情况下，"渔翁之利"都被用来实现新市场的开拓或者成为逆转的契机。但是，这样的"利"是看不见的。换句话说，在竞争的过程中有可能出现"没有预料到的渔翁之利"。而且，它只存在于某一时间点内。注意到这一点，对于打开自己公司在商业三国中的枢纽，和更深切感受到竞争的潮流有很大帮助。

西川英彦

致谢词

本书是以2008年3月17日开始在《总统》杂志上刊登的短期连载《商业三国志》为基础,并由各个作者经过修改后出版的。对相关企业在连载以及书籍化的过程中给予本书的大力支持,作者再次表示衷心的感谢。

同样,借此机会对《总统》杂志编辑长——长坂嘉昭先生——以及负责该连载的同公司部员——九法崇雄氏——表示衷心的感谢。特别是九法氏,他也参加了2008年9月28日在神户大学举办的专题讨论会"从《三国志》中学习把握市场潜在性的方法"。为此,再次表示衷心的感谢。

回顾"历史"的价值不仅仅是让我们发现眼前的东西,还会将我们没有发现的东西带入眼帘。

营销和市场调查不具有这样的历史性。

致谢词

现在的日本总体来说是一个很丰富的社会，被认为只具有很小的成长空间。但是，单从个别的企业或者个别的行业来看，丰富的社会里仍然充满了"潜在性"。正如任天堂的DS和Wii，如果能够将这些潜在性挖掘出来，那么一定会给企业带来丰厚的回报。

正如反复说到的一样，技术革新必须要克服这两个困难：将社会的潜在性重新组织和冒很大的市场风险。撇开历史性问题就无法谈论技术革新，因为不能无视后者的风险性。

所谓的市场风险就是指：已经开发了的新产品会不会被市场所接受。这样的风险已经渗透到历史的过程中，要想克服这样的风险，就必须扩展自身的社会常识、增加对市场秩序的了解以及实现新的结构方式，增加对事物的好奇心。

这次的研讨会，对很多在营销过程中产生的竞争进行了分析，并将其整理结集命名为《商业三国志》。这种分析所带来的见解不仅能增加我们挑战风险的能力，并且很大程度上能拓宽我们的智慧和洞察力。因此，我们邀请到了包括研究者、实务家以及编辑者在内的各行各业的人物，来现场从多个方面共同研究"技术革新必须根据历史的经验进行

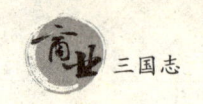

的意义"。我们希望与营销有关的人士,包括从事新产品的开发、宣传、营业等事务的人士能够积极参加此次会议。

正值本书出版之际,我们心情依旧。如果这本书能使得广大营销相关人士的社会常识增加,能使市场秩序框架外侧的关系扩展,能使新的机制得以实现,那对我们来说就是最大的满足了。

最后,在本书的编辑过程中,我们从本书的责任编辑石井伸介氏那里得到了超越编辑范围的强有力支持。在此,再次对他表示衷心的感谢。

本书著者偕同

●著者简历(排名不分先后)

石井淳藏(いしい・じゅんぞう)

流通科学大学校长。神户大学名誉教授。博士(商学)(神户大学)

1975年,完成神户大学大学院经营学研究科博士课程。曾为同志社大学商学部教授、神户大学经营学部教授、神户大学大学院经营学研究科教授,从2008年任职至今。主要著作有《品牌——价值的创造》(1999年、岩波新书)、《营销的神话》(1993年、日本经济新闻社)等。

栗木契(くりき・けい)

神户大学大学院经营学研究科准教授。博士(商学)(神户大学)

1997年,完成神户大学大学院经营学研究科博士课程。1999年,冈山大学经济学部助教授。2003年,神户大学大学院经营学研究科助教授。主要著作有《反思·所得》(2003年,白挑书房)、《这样做销售》(2006年,日本经济新闻社,共著)等。

清水信年(しみず・のぶとし)

流通科大学商学部准教授。博士(商学)(神户大学)

2006年,完成神户大学大学院经营学研究博士课程。从2004年任职至今。主要著作有《这样做销售》(2006年，日本经济新闻社，共著)等。

西川英彦(にしかわ・ひでひこ)

立命馆大学经营学部教授。博士(商学)(神户大学)

2004年，完成神户大学大学院经营学研究科博士课程。曾任世界穆基·网络董事，2005年，就任于立命馆大学经营学部助教授。从2008年任职至今。

水越康介(みずこし・こうすけ)

首都大学东京大学院社会科学研究科准教授。博士(商学)(神户大学)

2005年，完成神户大学大学院经营学研究科博士课程。从2007年任职至今。主要著作有《这样做销售》(2006年，日本经济新闻社，共著)、《营销优良企业的条件》(2008年，日本经济新闻出版社，共著)等。

吉田满梨(よしだ・まり)

神户大学大学院经营学研究科博士后期课程。

2003年，立命馆大学国际关系学部毕业。2006年，完成神户大学大学院经营学研究科博士前期课程。